제주 먹을거리 풍경

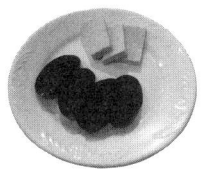

이 책의 출판비 일부는 제주발전연구원 제주학연구센터의 지원을 받았습니다.

學古房

제주 먹을거리 풍경

제주발전연구원 제주학총서 ⑦

초판 인쇄 2013년 8월 28일
초판 발행 2013년 8월 30일

저　　자 ｜ 현혜경
펴 낸 이 ｜ 하운근
펴 낸 곳 ｜ 學古房
표　　지 ｜ 김지학
편　　집 ｜ 박은주, 조연순

주　　소 ｜ 서울시 은평구 대조동 213-5 우편번호 122-843
전　　화 ｜ (02)353-9907   편집부(02)353-9908
팩　　스 ｜ (02)386-8308
홈페이지 ｜ http://hankgobang.co.kr
전자우편 ｜ hankgobang@naver.com, hankgobang@chol.com
등록번호 ｜ 제311-1994-000001호

ISBN　　 978-89-6071-323-9   93380

정가 : 14,000원

> 이 도서의 국립중앙도서관 출판시도서목록(CIP)은 서지정보유통지원시스템 홈페이지 (http://seoji.nl.go.kr)와 국가자료공동목록시스템(http://www.nl.go.kr/kolisnet)에서 이용하실 수 있습니다.(CIP제어번호: CIP2013016413)

* 파본은 교환해 드립니다.

제주발전연구원 제주학총서 ⑦

제주 먹을거리 풍경

— 현혜경 —

제주 먹을거리 풍경

서문

'먹는다'는 원초적 행위는 인류 문명을 태동시킨 가장 근본적인 인간 행위이다. 인류는 생존하기 위해 먹어야 했지만, 먹는 행위에 이르기까지의 과정은 자연에 대한 이해와 인간 협력을 필요로 했다. 자연에 대한 이해를 바탕으로 먹을거리 순환체계를 형성시켜야했고, 그 순환체계를 완성시키기 위한 인간의 협력은 타인에 대한 믿음을 전제로 사회를 구성했다. 곧 '먹는다'는 것은 사회적인 것이자, 사회를 구성하는 가장 기본적인 토대가 되었다.

때문에 오늘날 먹을거리에 대한 위기는 바로 사회 위기를 대변하는 것으로 이해되어질 수 있다. 2000년대 들어 세계적으로 터진 먹을거리 사건의 충격은 우리가 잠시 망각하고 있던 인간 신뢰에 대한 재고와 더불어 근대사회에 대한 반성을 유도하는 이유도 그것이다. 먹는다는 것은 인간과 사회의 가장 기본적인 토대이기 때문에 먹는 것의 위기는 사회의 근간에 균열이 일고 있음을 알려주는 것이다. 먹는 것에 대한 연구가 자연과학을 넘어 인문사회과학에서 중요하게 논의되어져야 하는 이유이기도 하다.

필자가 먹을거리에 대하여 관심을 가지고 본격적으로 연구를 시작한 것은 얼마 되지 않는다. 2009년 제주대학교 탐라문화연구소 내 음식관련 연구 모임이 꾸려지고 제주지역 음식문화연구에 관심을 가진 학자들과 대학원생들이 모이면서 필자의 연구도 시작되었다. 그동안 제주음식문화에 대한 연구는 영양학이나 민속학 등에서 주로 다루어졌기에 인문사회과학에서 확장되어질 수 있는 영역들에 대하여 다양한 논의가 이루어졌다. 모임은 오랫동안 지속되지 못하였지만, 모임에 참여하였던 사람들은 그것을 토대로 각자 개별 연구를 지속할 수 있었다. 필자는 그 후 먹을거리와 관련된 논문을 몇 편 완성할 수 있었는데, 본 책의 3장과 4장은 이미 발표된 논문들 중 일부를 수정하여 실은 것이다.

먹을거리에 대한 필자의 관심은 오늘날의 먹을거리문제에서 출발하였지만 그 문제를 해결하고자 하는 사람들의 먹을거리 관련 사회운동을 비롯하여 잃어버린 전통을 재고찰하는 관심으로 이어졌다. 먹을거리 관련 사회운동에 대한 연구를 하면서 먹을거리 관련 사회운동이 단지 좋은 음식을 먹거나 환경보전에 그치지 않고, 식량주권을 지키는 일이나, 지역공동체를 복원하는 일, 윤리적인 사회를 만드는 일 등 사회 체계를 변화시키는 방향으로 나아가고 있는 것을 발견할 수 있었으며, 이는 오늘날 먹을거리에서 시민권이 얼마나 중요하게 행사되고 있는지를 알 수 있게 해주었다.

한편 먹을거리 관련 전통을 고찰하는 일은 매우 흥미로운 일로, 우리가 전근대적이라는 이유로 소멸시켜버렸던 많은 전통들이 실제로는 매우 훌륭한 생태적 순환체계를 작동시키는 기제들로 이루어져 있었음을 새삼 느끼게 한 작업이었다. 잃어버린 전통들을 다시 환기시키는 일들이 녹록치는 않은 일이었지만, 전통적인 삶의 방식이 때로는 많은 지혜를 준다는 것을 알고 계시고 몸소 실천하시는 부모님 덕분으로 언제나 많은 동력을 그분들로부터 얻어 연구를 진행할 수 있었다.

이 책은 그 간의 연구 성과물들을 대략적으로 정리한 것들이다. 제1장은 '제주의 먹을거리 풍경에 대한 시론'으로 그간 먹을거리 관련 연구를 하면서 새롭게 풍경학이라는 관점에서 먹을거리를 바라볼 필요가 있음을 느끼게 되었는데, 향후 연구를 위해 시론적으로 작성해 놓은 글이다. 이 시도는 먹을거리가 단지 자연환경적 결과물이 아닌 인간의 공학적 산물로 바라보고자 한 것으로, 먹을거리에 대한 제주사람들의 사회공학적 설계 면면을 살펴보고자 한 것이다.

제2장에서 제4장까지는 연구결과물들을 엮은 것으로, 제1장에 비해서는 글이 연구 형식을 띠기에 다소 분석적이며, 딱딱하다. 제2장 '제주지역 먹을거리 순환체계의 재인식과 사회적 함의'에 대한 글은 그간 제주지역의 먹을거리 관련 자료들과 연구물들을 수합하여, 해체하고 분석하여 제주지역의 전통적인 먹을거리 순환체계 일부를 밝혀보고자 한 것이다. 제3장 '제주지역 우영의 전통과 현재적 지평'은 채소 재배공간인 우영이 먹을거리 순환체계를 완성시키는 데 갖는 의미를 찾아본 글이다. 제4장은 '제주지역 로컬푸드 운동'으로 오늘날 먹을거리 문제와 관련된 제주지역 사회의 운동이 어떻게 진행되고 있는지 개괄적인 수준에서 작성한 글이다. 특히 제주지역은 다른 지역에 비해 먹을거리운동이 선구적으로 나타나고 있으며, 이 운동들은 공동체를 여러 모로 변화시키고 있다. 각 장은 애초 독립된 하나의 글로서 작성된 터라, 매 장 사이 연결이 매끄럽지는 못하지만, 먹을거리에 대한 전통의 고찰과 오늘날의 사회운동 등 시간적 배열을 고려하여 배치하였다.

글이 출판되기까지는 늘 여러 사람들의 보이지 않은 도움이 있다. 책이 출간될 수 있도록 도움을 주신 제주발전연구원 제주학연구센터와 출판사 관계자분들께 감사를 드린다. 또한 늘 옆에서 먹을거리 관련 논의를 나누고, 같이 연구할 수 있는 믿음직한 동료가 되어주는 강수경 선생에게도 고마움을 전한다. 이 책의 일러스트 일부는 강인보 선생이 맡았는데, 고마움을 전한다. 언제나 연구의 동력이 되어주고, 앞으로도 연구의 동력이 될 가족들은 이 책의 진정한 주인공들이다.

2013년 8월
영국 셰필드에서 저자.

contents

chapter 1 제주 먹을거리 풍경에 대한 시론　 | 11

먹을거리 풍경학 _ 13
제주의 먹을거리 풍경 _ 17
제주사람들, 농작물의 역학관계에 개입하다. _ 23
역사적 사명 앞에서 _ 27
나오며 _ 31

chapter 2 제주지역 먹을거리 순환체계의 재인식과 사회적 함의　 | 33

들어가며 _ 35
제주지역 먹을거리 순환체계 변화의 중요한 계기들 _ 43
제주지역 먹을거리 순환체계의 특징 _ 51
제주지역 먹을거리 순환체계의 사회적 함의 _ 69
나오며 : 순환체계의 음식문화를 위하여 _ 75

chapter 3 　제주지역 '우영'의 전통과 현재적 지평　　| **81**

　　　들어가며 _ 83
　　　'우영'의 생산체계와 특징 _ 97
　　　'우영'의 소비체계와 특징 _ 111
　　　'우영'의 전통에 대한 재해석 _ 123
　　　나오며 _ 133

chapter 4 　제주지역 로컬푸드 운동　　| **139**

　　　들어가며 _ 141
　　　이론적 자원 및 연구방법 _ 145
　　　제주지역 로컬푸드 운동의 현황과 전개 _ 151
　　　제주지역 로컬푸드 운동의 특성 및 사회적 함의 _ 161
　　　나오며 _ 173

제주 먹을거리
풍경

chapter 1
제주 먹을거리 풍경에 대한 시론

먹을거리 풍경학 /

제주의 먹을거리 풍경 /

제주사람들, 농작물의 역학관계에 개입하다. /

역사적 사명 앞에서 /

나오며 /

먹을거리 풍경학

풍경이란 무엇인가?

'풍경'에 대한 사전적 의미는 '감상'의 대상이 되는 '자연'이나 '사람'의 모습이다. 그렇다면 '감상'이란 무엇인가? '감상'에 대한 사전적 의미는 느끼고 이해하면서 즐기고 평가하는 것이다. 결국 '풍경'은 자연이나 사람의 모습에 대해 느끼고 이해하면서 즐기고 평가하는 것이다. 즉 풍경은 인간 의식의 산물로, 인간이 지닌 오감을 동원하여 대상에 대한 의미해석을 시도하는 것이다. 여기서 풍경을 구성하는 자연이나 사람의 모습은 자연적으로 생성되기도 하고, 인위적으로 구성되기도 한다. 중요한 것은 자연적인 것이든, 인위적인 것이든 그 구성요소가 최적의 조화를 이룰 때만이 서로 격돌하는 물질들이 만들어내는 풍경의 향연을 즐길 수 있다는 것이다.

풍경은 구성요소를 가지고 있다. 자연이나 사람 자체가 풍경이 될 수도 있지만, 역사적, 정치적, 경제적, 사회문화적, 미학적 요소들이 최적의 풍경을 창조하기 위해 배치된다. 이는 풍경이 하나의 공학(工學, engineering)이 될 수 있음을 의미하는 것이다. 인류의 이익을 위해서 과학적 원리, 지식, 도구를 활용하여 새로운 제품 및 도구를 만드는 개념이 공학이라고 보았을 때, 풍경은 그 구성요소들 간의 효율적인 역관관계와 결합 원리를 활용하여 인류에게 이익을 가져다준 창조적인 공학물인 셈이다.

우리의 기억 속에 자리하고 있는 많은 풍경들은 구성요소들의 공학적 설계 속에서 탄생되어 시·공간적으로 변증하면서 하나의 고전적 풍경으로 자리하여 왔다. 산사 풍경, 어촌 풍경, 농촌 풍경 등 풍경이라는 이름을 달고 있는 영상에는 언제나 공통적으로 등장하는 구성요소들과 그 구성요소들을 얽어내는 공통된 주제들이 있었다. 먹을거리에도 그런 풍경 공학이 있었다.[1]

먹을거리 풍경

먹을거리 풍경은 먹을거리를 먹는 행위에서 그것을 생산하는 행위에 이르기까지 광범위하게 그것을 구성하는 요소들이 가미되어 설계되어 있다. 우리의 기억 속에 있는 먹을거리 풍경들은 종종 공학적 배치 속에서 탄생되고 있음을 볼 수 있다. 샹드리에(chandelier) 아래 놓여 있는 음식과 음식을 담은 식기, 조명, 테이블포(tablecloth), 식탁에 앉아서 나누는 사람들의 이야기와 교감 등 식탁의 풍경조차도 구성요소를 갖추고 공학적으로 창조된 풍경이다.[2]

나아가 먹을거리를 생산하기 위해 저수지를 만들거나 농지를 개간하는 일 등 자연환경을 인위적으로 설계하여 이용하는 것도 먹을거리 풍경을 구성하는 공학적 측면으로 이해할 수 있다. 그런 점에서 우리의 먹을거리 풍경을 공학적 측면에서 이해해보려는 시도는 환경적 결과로서 나타났다고 보는 음식문화에 대한 이해를 넘어 그것을 형

---

[1] 고바야시(2007)에 따르면 고전적인 의미의 풍경은 자연경관에 대한 관심(눈구경, 달구경, 꽃구경)을 표명하는 언어로 이루어져 있으며, 자연미 예찬과 그것을 사랑하는 표현은 시민권을 얻은 자의 상징적 언어이자 개념이었다고 한다. 오늘날 한국사회에서 일고 있는 먹을거리 풍경에 대한 예찬과 찬미는 한국사회에서 시민권을 얻은 자들의 상징으로서 한반도 전역에 확산되고 있다.
[2] 비슷한 풍경으로 비와 주도(酒道, 술), 물과 다도(茶道, 차)와 같은 풍경들에도 이런 일련의 공학적 요소들이 숨어 있다. 포도주와 포도주를 마시는 행위 등도 공학적으로 설계된 풍경으로 볼 수 있다.

성한 인간의 노력을 적극적으로 이해할 수 있는 장을 마련할 수 있지 않을까 한다.[3]

먹을거리 풍경은 다양한 방식으로 설계되어 있다. 먹는 행위만 놓고 봐도 인간의 생리적, 신체적, 심리적 만족과 직결되는 다수의 사항이 포함되기도 하고, 미적 감동 및 민족의 문화적 정체성, 계층성 등 폭넓은 사회구성 요소를 반영하기도 한다. '살기 위해서 먹는가? 먹기 위해서 사는가? 하는 이 딜레마적 질문은 사실 먹는 행위 자체가 생리적, 신체적 문제를 넘어서 사회구조적 문제까지 포함되는 것을 의미하며, 먹는 행위는 인간 생활 전반에 대한 공학적 설계가 들어 있음을 의미하는 것이다.

나아가 먹는 행위와 먹을거리를 생산하는 문제는 기본적으로 인간이 직면한 자연에 대한 공학적 설계를 동반한다. 사람들의 생활 전반에 영향을 미치는 햇빛, 대기, 물, 흙 등과 같은 비생물계 4요소를 비롯하여 동·식물과 같은 생물계의 자연조건들은 먹을거리 풍경을 생산하기 위한 가장 기본적인 자연 환경적 요소이다. 비생물계 요소들은 먹을거리 생산을 좌우하는 기후환경(기온, 강수, 바람)을 비롯하여 토양, 용수 등을 결정짓는 요소다. 그리고 이 요소들 속에서 성장하는 동식물과 그것을 설계하는 인간의 지식과 의지가 공학적으로 구성되어 있다.

여기서 인간의 지식과 의지의 실천이 수행되기까지는 매우 복잡한 환경이 역학적으로 자리하여, 미학적, 정치적, 경제적, 사회문화적 요소들이 다층적으로 관여한다. 그리고 이런 속에서 시대의 먹을거리 풍경이 지역마다, 나라마다 탄생하게 되었다. 따라서

---

[3] 현생인류의 학명인 호모사피엔스(Homo sapiens)에서 우리가 지혜롭다는 의미로 알고 있는 'sapiens'는 라틴어 명사로 현인이나 철학자, 분별 있는 미식가를 의미하고, 동사 sapio은 '맛을 알다', '현명한 안목이 있다', '통찰력이 있다'는 의미가 있다. 이는 간단한 지식을 가지고 있을 뿐만 아니라, 자신의 눈, 귀, 코, 피부, 혀 등의 오감을 통해 판단능력이 있음을 의미하는 것으로 호모사피엔스(Homo sapiens)는 음식과 풍경을 맛볼 지성의 소유자를 가리킨다고 할 수 있다(小林享, 2007). 이는 애초에 인간이 먹을거리 풍경과 밀접하게 관련되어 있음을 암시한다고 하겠다.

먹을거리 풍경을 이해하기 위해서는 가장 기본적으로 인간들이 자신들에게 직면한 자연을 어떻게 설계하여 이용하였는지 살펴보아야 한다.

제주의 먹을거리 풍경

　제주의 시대적 먹을거리 풍경을 이야기할 때면 으레 이야기하는 것이 고구마 풍경, 유채(꽃) 풍경, 감귤 풍경 등이 있다. 모두 환금작물이라는 타이틀을 가지고 있어서 시대의 경제적 요구 때문에 탄생한 풍경들이라고 이야기 하지만, 단지 시대의 경제적 요구로만 탄생하였다고 설명하는 것은 제주의 먹을거리 풍경을 너무 물적 토대에 고착시켜버리는 한계가 있다. 오히려 그 풍경을 창조해냈던 구성요소들의 면면과 조화를 살펴봄으로써 창조적 풍경을 이해할 수 있지 않을까 한다.
　대개 작물 선택은 자연적 환경에 기준하여 선택되었다고 하지만, 그것은 너무나 먹을거리 풍경을 자연적 요소의 우연적 결합에 의해 발생한 것처럼 설명하는 방식이다. 그러나 이런 우연적 결합도 대개 인간의 인위적인 손을 거쳐 완성되었다. 제주의 먹을거리 풍경을 이야기하기 위해서는 제주지역 먹을거리 풍경을 구성하는 자연환경 못지않게 먹을거리 풍경 설계자로서의 제주사람들의 면면을 살펴보아야 한다.

제주사람들, 자연을 공학적으로 이용하다.

　제주의 기후조건은 아열대 북방한계에 속하였지만, 다른 지역보다 덥고 습한 기온, 시시각각 변하는 강한 바람(태풍), 시도 때도 없는 비, 여름 지나 시작되는 가을 가뭄, 대부분 화산회토양으로 구성된 척박한 땅 등, 먹을거리 생산과 관련해서 좋은 요소보다는 악조건의 요소가 더 많은 땅이었다. 그래서 모든 아열대 작물들을 재배할 수 없었고, 육지부의 벼농사와 같은 농경을 할 수 없었다. 그러나 이 특별한 자연환경이 자연을 공학적으로 이용한 제주사람들의 지혜를 통해 제주만의 먹을거리 풍경을 구성하는 중요한 요소로 변모하였다.

1960-80년대 유채꽃 풍경은 제주를 상징하는 하나의 먹을거리 풍경이었다.

사진 강수경(36) 제공

덥고 습한 기온, 시시각각 변하는 강한 바람, 가을 가뭄, 변화무쌍한 비, 척박한 땅을 이고 살았던 제주사람들은 토심과 경사도, 지하수위의 위치, 배수문제 등을 고려하여 농경지를 공학적으로 설계해야 했으며, 이런 조건에 대한 적응성이 큰 작물을 선택하고 길러내야 했다. 때문에 주로 토질이 좋고 배수가 좋은 해안마을이 농경지로 선택되었으며, 조, 메밀, 보리, 콩 등과 같은 밭작물 재배가 주를 이루었다. 특히 고구마 같은 작물은 벼, 보리, 채소, 콩 등을 재배할 수 없는 불모지에서도 재배가 가능하였기에 제주 전역 어디에서나 고구마 풍경이 가능하였다.

그렇다고 섬 전체가 동일한 자연환경의 조건을 가지고 있었던 것은 아니었다. 한라산의 경사면이나 위치에 따라 국부적인 기후변화가 다양하게 일어났기에, 같은 제주 안에서도 먹을거리나 농사 풍경은 마을마다 달리 구성되었다. 심지어 같은 마을 안에서도 지경에 따라 먹을거리 풍경은 다르게 구성되었다. 그리고 이런 풍경의 차이는 곧 먹는 행위의 풍경 차이에도 영향을 주었다. '밥을 먹을 때 밥숟가락을 들고 있는 손을 다른 한 손으로 받치는 모양새를 보면 어느 지경 사람인지 안다'는 말이 있으니, 제주 안에서도 먹을거리 풍경은 다채로웠다.[4]

바람, 가뭄, 물, 그리고 고구마 풍경

제주는 사면이 바다로 둘러싸여 있고, 1950m의 한라산이 있기 때문에 한라산 경사

---

[4] 같은 감귤 농사여도 수확과 저장방식이 다르게 나타난다. 나무에서 열매를 딴 뒤, 나무상자에 저장하는 곳이 있는가 하면, 나무에 매단 채 저장해두면서 수확하는 방식이 나타나기도 한다.

면이나 위치에 따라 국부적인 기후변화가 다양하게 일어난다. 또한 태평양과 대면하고 있기 때문에 늘 여름이면 태풍의 진로와 마주한다. 초속 10m이상의 바람이 한라산 북측은 연간 120일 내외, 남측은 65일 내외로 다풍(多風) 지역에 속하기 때문에, 농작물 재배에 큰 저해요인이어서, 방풍대책이 농업 경영에서 중요한 과제로 늘 부각되었지만, 역으로 이 바람은 우리의 영상 속에 국민적 풍경으로 자리하고 있는 고구마 풍경을 창조한 일등공신이었다.

아무리 토심에 구애받지 않고 재배할 수 있는 작물이 고구마라고 하지만, 실제 고구마의 질은 토심이 결정하였다. 그러니 제주의 고구마 재배가 육지부의 고구마 재배보다 더 경쟁력이 있을 수 없었다. 그런데 왜 고구마 풍경은 제주의 대표적 먹을거리 풍경이 되었을까? 그것은 자연의 악조건을 시대의 요구에 맞게 공학적으로 설계하여 이용한 덕분이었다.

제주에서 고구마 재배가 본격화 된 것은 일제시기였다. 이 시기 고구마는 주정원료와 공업원료로써 중요하게 여겨졌다. 당시 재배가 요구되었던 고구마는 오늘날의 '밤고구마'나 '호박고구마'가 아닌 '흰 물고구마'였다. 연료 및 주정의 가공원료로서 '흰 고구마'는 그다지 토심에 영향을 받을 필요가 없었고, 건조에 필요한 바람과 가공에 필요한 물이 함께 확보되었어야 했는데, 그런 요소들 간의 역학관계가 어느 정도 균형을 이룰 수 있는 곳이 제주였다. 그리고 그 균형을 가장 잘 이룰 수 있는 곳들은 대개 해안마을이었다. 이것은 중산간 지역과 해안마을의 고구마 풍경이 달리 나타나는 이유이기도 하였다.

요건이 모두 갖추어졌다고 해서 정해진 결과가 나타나는 것은 아니다. 우리는 종종 요건이라는 이유로 그것이 실체가 될 수 있도록 역학적으로 설계하고 이용한 사람들의 공학적 인식과 노력을 잠시 망각한다. 고구마를 겨울에 생산할 수도 있었지만, 제주

사람들은 여름부터 수확한 고구마를 가을 가뭄과 초겨울 하늬바람을 이용하여 '절간고구마(빼떼기)'로 탄생시킬 수 있도록 시계열적 생산 공학을 설계하였으며, 수확 후 짧은 기간 내에 원료로 처리해야 하는 생고구마와 건조 후 가공을 해야 하는 말린 고구마 처리를 위해 생산지, 건조지, 가공지가 가장 효율적인 공간 균형을 이룰 수 있도록 공학적 공간 설계를 보여주었다.

〈그림1〉 고구마 풍경의 공간 설계

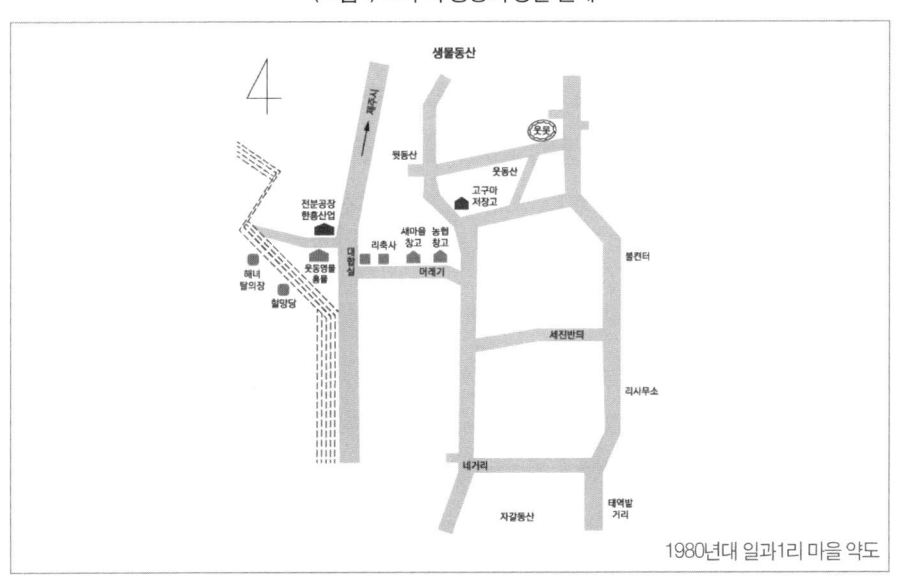

대개 생고구마 가공을 위한 전분공장은 고구마 주 생산지 근처에 자리하고 있었는데, 해안마을 일대가 그 주요 공간이 되었다. 그래서 해안마을은 언제나 고구마가 가득한 시각적 풍경이 자리하였다. 그렇다고 해서 고구마를 생산하는 모든 해안마을에 가공공장이 들어선 것은 아니었다. 가공을 위한 물이 충분히 확보할 수 없는 곳에서는 다른 마을의 가공 공장을 이용할 수밖에 없었다. 물 좋은 마을에는 한 마을 안에 두 세 개의 전분공장이 들어서기도 하였다. 대개 제주에서 물을 확보할 수 있는 곳도 해안인 경우가 많아서 전분공장도 주로 해안마을에 위치하는 경우가 많았다.[5]

제주 곳곳에 들어선 이 전분공장들은 해당 마을 사람들을 먹여 살렸던 제주 최초의 마을 제조업이라 할 만 하였다. 그러나 그 고마움도 잠시 전분을 빼고 나면 나오는 엄청난 찌꺼기와 냄새는 고구마 풍경의 지독한 후각적 풍경이 되었다. '전분주쉬'라고 불렸던 찌꺼기는 돼지 사료로 아주 유용하게 사용되었다. 마을에서는 이 찌꺼기를 일정 기간 모았다가 주민들이 가져갈 수 있도록 일정한 날을 개방하였는데, 코를 찌를 듯한 악취에도 아랑곳 않고 마차나 등짐으로 이 '전분주쉬'를 가져가려는 인근 주민들의 경쟁으로 혼잡을 이루기도 하였다.

이렇게 가져간 '전분주쉬'를 말려서 돼지사료로 이용하거나 흉년에는 찌꺼기를 물에 담가 냄새를 제거한 후 식량으로 사용하는 경우들도 있었다고 하니, 빈곤을 탈피하려는 애달픔이 후각적 풍경에 녹아있기도 하였지만 섬이라는 한정된 공간에서 자원의 재순환을 통해 자연 환경을 지키고, 일정한 먹을거리 시스템을 유지해온 제주사람들의 오랜 생활의 궤적으로 인해 창조된 풍경이기도 하였다.

---

[5] 서귀포 공천포 마을 속칭 '물난밭'이라 불리던 곳에도 전분공장이 있었다고 하고, 중문 마을 '불묵캐(현 중문관광단지)'라 불리는 용천수 지대에도 두 곳의 전분공장이 있었다고 한다. 그 옆 감산 마을도 물론이거니와 물 좋기로 유명한 제일 강정 마을 인근에도 1950년대 대성산업, 남흥산업, 합동산업 등의 전분공장이 있었다고 하니, 제주에서 수량이 풍부한 곳에서는 전분공장을 볼 수 있었다.

제주사람들, 농작물의 역학관계에 개입하다.

보리, 콩, 고구마의 역학관계 속에서 창조된 풍경

고구마 풍경이 나타날 수 있는 구성요소에는 농작물 간의 역학관계도 관련된다. 단지 고구마가 생산력이 좋아서라기보다, 고구마가 농작물들 사이에서 가지는 역학관계 속의 위치 때문에 고구마 풍경이 창조되는데 어느 정도 역할을 하였다. 사실 고구마 풍경이 창조될 수 있었던 농작물의 역학관계에서 우위는 '보리'와 '콩'이었다. 보리가 기준이냐? 콩의 기준이냐에 따라 윤작체계가 달라졌고, 그 다음 농사도 결정되었다. 콩 농사를 중요시 하는 집에서는 콩 농사 이후 보리농사를 지었지만, 보리농사가 기준인 집에서는 보리농사 이후 고구마 농사를 지었다. 때에 따라 대죽-보리의 윤작체계를 만들어 내거나 휴경하는 경우도 있었지만, 이 경우는 보리농사에 필요한 밭주인의 거름 소유량에 의해 결정되었다. 특히 보리농사는 지대가 낮은 해안 쪽의 밭에서 주로 행해졌기에 보리와 짝을 이루던 고구마 농사도 해안 쪽에서 인기가 더 있었다. 결국 보리가 역학관계에서 가장 강력한 위치에 놓였고, 보리농사와 맞물릴 수 있는 고구마는 농작물들의 역학관계 속에서 고구마 풍경을 창조할 수 있었던 셈이었다.[6]

---

[6] 한경면 조수 마을은 대표적으로 보리와 고구마가 짝을 이루어 대등한 경작 관계를 펼치던 마을이었다. 한경면 보리 총생산량의 절반이 조수 마을에서 생산될 정도이다 보니, 당연 한경면에서 고구마 생산이 가장 많았던 곳도 조수 마을이었다.

보리, 콩, 고구마는 때로는 의좋은 형제나 자매처럼 농토를 농사 절기에 따라 나누어 갖기도 하고, 보리, 콩, 메밀, 조, 고구마, 감자 등과 같은 작물들과 다시 결합하면서 제주지역의 먹을거리 순환체계를 만들어 내기도 하였지만, 때로는 시대의 요구 때문에 그들 사이의 힘겨루기도 하면서 새로운 역학관계를 형성하기도 하였다. 다만 1940~1970년대까지 한 세대 간은 비교적 고구마가 다른 시대보다 다소 우세하였던 시기도 있었으며, 고구마 풍경이 제주전역을 물들이던 시기도 있었다. 그러나 새롭게 원예작물이라는 타이틀을 들고 나온 겨울감자, 마늘, 양파, 양배추 등과 같은 원예작물들이 등장하면서 농작물들 사이의 역학관계는 큰 변화를 겪기 시작하였으며, 특히 감귤의 등장은 모든 작물들의 역학관계를 종식시키는 결과를 가져왔다.

감귤은 고구마 수입보다 몇 십 배 더 나은 수입원이 되었기에 모든 농업이 발 빠르게 감귤 농업으로 전환되었다. 이때 제주도 남쪽 마을의 밭작물 농사는 일시에 사라지기 시작하였다. 중문, 화순, 공천포, 월평, 신산 마을과 같은 남쪽 마을에서는 1970년대 접어들면서 점차 모든 밭작물을 대신하여 감귤 과수작물이 그 자리를 대신하였다. 그나마 토질이나 기후가 마땅치 않은 곳에서는 한동안 고구마가 주된 농작물로의 위치를 지켰지만, 그것도 유채작물로 대체되면서 사라지기 시작하더니, 당근과 콩이 가세한 이후 기존 농작물들은 급격히 소멸 일로에 놓이게 되었다. 점차 고구마·보리의 투박한 시각 풍경 대신 노란 유채와 주홍 감귤로 대변되는 화려한 색깔 작물의 시각적 풍경이 자리하기 시작하였다.

기술을 통해 농작물의 역학관계에 개입하다.

먹을거리 풍경 창조자인 인간은 자연환경을 공학적으로 설계할 뿐만 아니라, 농작물의 역학관계를 좌지우지하면서 농작물이 당면한 역사적 사명을 그들의 삶 속에 녹아냈다. 특히 농작물의 역학관계에 지대하게 관여해온 인간의 의지는 먹을거리 풍경 이면에 있는 권력자이다. 사람들은 품종, 재배기술, 비료·퇴비 기술, 농기구 개량 등을 통해 자연조건에 대한 도전과 농작물의 역학관계를 지배하여 왔다. 한국 전쟁 이후 농작물마다 수십 차례의 품종 개량과 저장기술을 포함한 재배기술의 발달이 있었으며,[7] 비료·퇴비 기술의 발달은 아이러니하게 제주에서 고구마 생산을 높인 반면 특용작물 전환을 가속화 시키면서 농작물의 역학관계 변화를 유도하기도 하였다.

1950년대까지 퇴비는 집에서 만든 퇴비였다. 1960년대 초반만 하더라도 화학비료가 생산되었지만 공급량이 모자라 경지면적에 따라 보급하는 배급제가 실시되었다. 1961년 충주비료공장 준공 이후 나주비료, 영남화학, 진해화학, 한국비료 등이 준공됨에 따라 농산물 생산량이 급격히 증가하였고, 일반 농산물 위주였던 농사가 특용작물로 전환되면서 제주에서도 조, 팥, 콩, 고구마, 감자, 유채 등의 작물에서 배추, 무, 수박, 참외와 같은 특용 작물들로 전환이 이루어져 먹을거리 풍경에도 영향을 미치게 되었다. 아

---

[7] 고구마의 사례를 보자. 품종개량에서 1950년대 이전에는 원기, 충승 100호, 호국 등과 같은 품종의 고구마가 재배되었다. 그러다 1950~1960년대에 오면 고구마는 수원 147호가, 1965년도 신미, 충승 100호가 장려품종으로 보급되어 재배되었다. 1970년도에 황미, 홍미, 1980년도 초은미, 1993년도 은미, 진미, 신미, 신은미가 장려품종으로 되었다. 이중 충승 100호가 70%이상의 재배면적을 차지하였다. 물론 마을마다 이런 종자 종류의 사용은 다르기도 하였다. 1990년대 중반 이후부터 밤고구마 등 식용으로 단맛이 강화된 품종들이 재배되기 시작하였다.

이러니하게도 비료 기술의 발달은 당시 주 생산 작물이었던 고구마 생산력도 높였지만, 감귤의 생산력도 높여, 고구마가 감귤과의 싸움에서 지게 한 결과를 가져왔다.

역사적 사명 앞에서

먹을거리에 시대를 입히다.

제주의 먹을거리 풍경은 단지 자연환경과 농작물의 이용만으로 탄생한 것이 아니라, 시대의 당면한 문제들을 조화시키면서 먹을거리 풍경을 창조하였다. 일제 식민지 경험, 한국 전쟁과 4·3사건의 경험, 개발과 개방의 경험, 근대농업의 경험 등과 같은 역사적 경험들을 통해 시대마다 다른 먹을거리 풍경을 창조하였다. 우리의 기억 속에 남아있는 고구마, 유채, 감귤 풍경은 언제나 동일한 것처럼 상상되지만, 실상은 시대마다 동일한 것들은 아니었다. 고구마 밭을 갈며 노동요를 부르는 모습, 패랭이를 쓰고 오랜 시간 작두질을 하는 농부의 모습, 어른들을 돕느라 땡볕에 그을린 어린 자녀들의 모습과 들판에 널려 있는 하얀 고구마 풍경 등을 통해 제주의 가을 풍경 한 자락을 기억해 내곤 하지만, 그 풍경은 대개 1960~1970년대 풍경이다. 그런데 어찌하여 고구마 풍경에 대해서는 이 기억이 가장 중요한 기억으로 자리하고 있을까? 그것은 그 시대의 풍경이 기억의 역학관계 속에서 승리하였기 때문이다.

실상 먹을거리 풍경에 대한 기억은 세대별로 다양하게 남아있다. 그것은 먹을거리가 당면한 시대적 사명과 그에 대응한 인간의 태도가 달랐기 때문이었다. 하나의 먹을거리 풍경이 존재하지 않듯이 시대마다 다른 먹을거리 풍경이 창조되었으며, 앞선 시대의 역사적 궤적 위에 새로운 구성요소들을 공학적으로 배치하면서 시대마다 다양한 먹을거리 풍경을 창조하게 되었다. 제주사람들에게 먹을거리와 관련된 가장 원초적 풍경은 '배고픔'과 '구황작물'에 대한 풍경이었다. 그도 그럴 것이 먹을거리와 관련된 '배고픔'의 풍경은 일제의 공출과 4·3사건 등을 통하면서 제주사람들에게 깊이 각인된 원초적 풍경이 되어버렸다. 그래서 고구마 풍경과 같은 것들은 허기짐을 달래는 구황작물로의 기억도 있지만, 일제의 공출 대상이 되었던 탓에 다른 농사를 포기하고 지어야 하는 애꿎은 작물로 기억되기도 하였다.

1950년대 후반 들어 고구마와 절간고구마, 유채, 맥주맥과 같은 작물들은 제주 사람들에게 돈을 가져다 준 대표적인 환금작물이 되면서 배고픔과는 다른 먹을거리 풍경에 대한 기억이 형성되었다. 이때 되면 야학에서 한글이나 겨우 익히던 딸들이 중학교까지 가게 되면서 고구마 및 유채와 같은 작물들은 누이작물이 되었다. 이 시기 절간고구마를 생산하던 집 아이들은 학교에서 돌아오는 길에 날씨가 흐릴 듯 하면 으레 절간고구마 말리는 곳으로 달려가곤 하였다. 농가에서는 '자녀 혼례식도 절간공판이나 끝나고 하자'는 소리가 나올 지경이었다고 한다. 뿐만 아니라 평지와 활용하지 않는 공간이 거의 없는 제주에서 고구마 절간을 말릴 터 때문에 시비가 종종 일어나던 시절이기도 하였다.[8] 이런 풍경은 40대 이상의 사람들이 공유하던 하나의 국민적 풍경이 되었다.

그러나 1970년대 후반 농작물의 수입개방으로 유채를 비롯해 고구마 판매가 타격을 입고 주정원료 및 전분원료가 수입되면서 유채와 고구마 풍경의 시대는 지나가고 있었다. 그리고 그 자리에는 감귤 풍경이 자리하기 시작하였다. 1960~70년대 재일제주인 공

---

[8] 1960~1970년대 들어 고구마 재배는 정부시책의 하나로 권장사항이 되었다. 고구마 수확이 끝나면, 생고구마는 전분공장으로, 절간고구마는 주정공장으로 수매되었는데, 대부분 마을 회관 앞은 수매와 공판의 현장이 되었을 만큼 많은 사람들이 고구마 재배에 참여하였다. 절간고구마를 '감저쏠(감자쏠)'이라 불렀는데, 얇게 썰어 말린 다음 현물 공출을 하거나 판매를 하였다. 1970년대 중반에는 농가 소득을 올리기 위하여 절간고구마 생산 장려 운동이 전개되고 정부 수매가격이 인상되면서 돈을 벌어 밭을 사는 농가가 많아지기 시작하여 고구마 부자가 생겨나기 시작하였다.

동체를 통해 제주에 들여온 감귤작물은 대학나무라고 불릴 정도로 많은 부를 제주 사람들에게 안겨 주었고, 감귤은 먹을거리 풍경을 넘어 제주의 랜드마크(landmark)처럼 인식되기 시작하였다.

제주의 먹을거리 풍경이 무엇을 바꾸었을까?

국민적 풍경이라고 할 만한 고구마 풍경, 유채 풍경, 감귤 풍경들은 제주사회를 어떻게 변화시켰을까? 이 작물들이 제주지역 농업생산에 중요한 부분을 차지하기 시작하였다는 것은 널리 알려진 사실이다. 또한 당대 중요한 농가 소득원이었다는 것도 잘 알고 있는 사실이다. 그러나 우리는 이 작물들로 인해 큰 사회변동이 있었음을 잘 인식하지 못한다. 그저 여성들도 교육을 받을 수 있는 계기가 되었다는 정도, 마을 부자가 탄생하였다는 정도로만 이 작물들의 위력을 실감할 뿐이다.

이 풍경들의 위력은 대단하였다. 우선 농업과 관련된 조직들을 체계화시켰다. 수매사업을 계기로 리·동 및 단위 농업협동조합이 체계화되었다. 정부의 농업진흥법도 한 몫 하였는데, 녹색운동과 맞물리면서 생겨난 '제주도 농업진흥원'과 '시군 농촌지도소'는 체계적으로 농사 개량에 주력하였고, 그 농법은 4H 조직의 농어촌 지도 사업을 통해 체계적으로 전달되기 시작하였다. 이를 통해 농작물 생산자들을 근대적인 영농조직으로 조직화시켰고, 제주지역의 근대농업 체계를 이루어나갔다. 이 과정에서 전통적인 농업체계와 그를 지원하던 공동체의 삶 방식에는 큰 변화가 일어나게 되었다.

특히 고구마 풍경, 유채 풍경, 감귤 풍경 등을 계기로 제주사람들은 '자본'농업의 위력을 실감하게 되었다. 이때부터 자본은 농업을 성장시키는 중요한 요소로 등장하였다. 제주도에서 1963년에 농업협동조합 제주도지회가 창설되었는데, 얼마 안 있어 마을(리·동)조합 지원사업이 본격화 되었다. 마을마다 생겨난 금융조합은 낮은 이율의 자금을 농민들에게 융자받게 하였는데, 농업에 대한 자본의 투입은 제주사회의 농업을 본격적인 환금작물 농업으로 전환시키는 계기를 만들었고, 제주사회는 급격한 변동에 놓였다.

수눌던 노동력은 임노동의 형태를 띠기 시작하였다. 수확된 작물들의 판매를 위한 판로와 유통 창구가 생겨나기 시작하였고, 돈을 만지기 시작한 농촌사회에서는 새로운 농업 부자가 생겨나고, 계층의 변화가 일어났다. 더불어 공동체의 노동력을 유지하기 위해 존재하던 전통적인 의례와 놀이, 생활방식 등의 문화 변동 현상도 일어났다. 결국 우리가 기억하고 있는 대표적인 제주의 먹을거리 풍경은 근대공간의 표상 속에서 탄생하였던 것이다. 그리고 오늘날 새로운 먹을거리 풍경은 시민권을 얻은 자의 상징으로 질주하고 있다.

나오며

　풍경을 통해 제주의 먹을거리를 살펴보고자 한 것은 먹을거리를 자연환경의 결과물이 아닌 인간 노력의 산물이자 공학적 산물로 살펴보고자 한 시도이다. 시대마다 먹을거리와 관련하여 풍미한 풍경들이 있었는데, 그런 풍경을 구성하는 많은 요소들을 역학적으로 설계해 낸 제주사람들의 면면을 살펴보는 것은 제주지역 먹을거리를 이해하는데 있어 평면적 이해가 아닌 역동적 이해의 측면을 넓힐 수 있을 것이라는 기대감 때문이다.

　제주의 먹을거리 풍경 이면에 있는 많은 자연과학적 및 인문사회과학적 구성요소들의 공학적, 역학적 관계와 설계 면면을 분석하는 일은 차후 본격적으로 이루어지겠지만, 이런 시도를 통해 궁극적으로는 제주의 먹을거리 순환체계의 역동성을 밝히는데 도움을 줄 것이며, 나아가 오늘날 전세계가 맞닥뜨리고 있는 먹을거리 관련 문제들의 해결에 지혜를 줄 것으로 여겨진다. 이 장은 그런 기대감을 갖고 향후 연구에 대한 설계를 그린 시론이다.

　다음 장은 이런 시도를 설계하도록 한 앞선 연구로, 제주지역 먹을거리 순환체계에 대하여 접근한 것이다. 이를 통해 일부지만 제주사람들의 공학적 면면을 살펴볼 수 있었으며, 오늘날 그것이 함축하고 있는 의미와 가치를 되살려볼 수 있었다.

감산리, 2002, 『감산향토지』
색달리, 1996, 『색달리』.
신산리, 2005, 『그등애 사람들의 삶』.
온평리, 1991, 『온평리지』.
일과리, 1992, 『일과리』.
중문마을회, 1996, 『중문향토지』
小林享, 2007, 『食文化の風景學』, 技報堂 出版.

chapter 2
제주지역 먹을거리 순환체계의 재인식과 사회적 함의

깅이범벅 - 사진 강소전(43세)제공

들어가며 /

제주지역 먹을거리 순환체계 변화의 중요한 계기들 /

제주지역 먹을거리 순환체계의 특징 /

제주지역 먹을거리 순환체계의 사회적 함의 /

나오며 /

들어가며

문제인식

21세기에 들어서면서 세계의 화두 중 하나는 먹을거리 문제에 대한 것이다. 먹을거리 문제에 대한 관심은 크게 세 가지 위험에 대한 경로를 통해 나타났는데, 첫째는 먹을거리 안전성 문제에서 비롯되었다. 유독 2000년대 들어서면서 터진 각종 먹을거리 위해(危害)요소는 먹을거리 안전성 문제에 대한 대중의 관심을 환기시켰다.[1] 이것은 '웰빙(Well Being)' 분위기와 맞물리면서 안전한 먹을거리에 대한 욕구를 더욱 분출시켰다. 둘째는 먹을거리 주권의 상실에 대한 우려에서 비롯되었다. 쿠바와 필리핀 등의 사례[2] 등에서 언제든지 먹을거리를 담보로 하여 한 국가나 공동체가 제국주의 국가나 초국적 기업의 포로가 될 수 있다는 경험은 먹을거리 상당부분을 수입에 의존하고 있던 나라들에게 경종을 울렸으며, 먹을거리가 정치의 대상이 될 수 있다는 것을 보여주었다. 셋째는 이 모든 위험 속에서 나타났던 윤리와 도덕의 붕괴, 즉, 인류 문명의 근원인 신뢰의 붕괴가 인류공동체를 해체시킬 수 있다는 위기의식을 낳았다. 이는 근대문명에 대한 근본적인 반성으로까지 이어지게 하였다.

---

[1] 2000년대 들어 김치파동, 멜라민분유파동, 쓰레기만두파동 등 각종 먹을거리 안전사고들이 줄이어 발생하였다.
[2] 쿠바에 대한 미국의 금수조치와 삼모작의 벼농사 지대였던 필리핀의 쌀 부족 사례는 전세계적으로 먹을거리 주권에 대한 의식을 상기시켰다.

이런 위기의식 속에서 이제 무엇을 하지 않으면 안 된다는 사회적 인식이 세계 곳곳에서 일어났으며, 이는 먹을거리를 통한 사회운동으로 실체화되었다. 대표적인 운동이 로컬푸드(local food) 운동이다. 로컬푸드 운동은 지역먹을거리를 통해 이런 위기를 극복하겠다는 취지에서 대두하였지만, 국가와 지역, 공동체에 따라 다르게 해석되어 실현되고 있으며, 한 국가와 지역 안에서도 다층성을 내포하고 있어 한 마디로 정의하기는 쉽지 않다.[3] 다만 로컬푸드의 다양한 측면 중의 하나는 지역먹을거리를 통해 먹을거리 주권을 회복하겠다는 의지가 내포되어 있다. 먹을거리 주권의 회복은 단순히 국내 먹을거리 종과 생산량을 늘려 국민전체가 수입에 의존하지 않고 완전히 자급자족하겠다는 식량안보체계와 같은 의미는 아니다. 로컬푸드를 통해 실현하려는 먹을거리 주권은 먹을거리 공동체를 통해 먹을거리 안전과 주권, 윤리를 담아내는 내재적 먹을거리 자급체계를 형성하려는 것이다. 이것을 통해 세계적 힘에 대항하는 생존능력을 스스로 키우는 것을 의미한다.

먹을거리 공동체는 국민 공동체가 될 수도 있고, 혹은 작은 마을 단위의 공동체가 될 수도 있다. 그리고 이런 여러 층위의 먹을거리 공동체는 다시 다층적이며 유기적인 먹을거리 자급체계를 형성할 수 있다. 때문에 먹을거리 자급체계는 복잡한 체계로 구성될 수밖에 없다. 전통사회에서는 공동체의 규모가 농업 및 어업 등 1차 산업의 생산 활동에 기인하여 형성되었으며, 그 안에서 먹을거리 자급체계가 형성되었기 때문에 공동체의 생업 범위 내에서 먹을거리 자급체계가 작동하였다고 볼 수 있다. 그러나 근대화·산업화 이후 세계 많은 국가들 및 지역들에서 생업활동과 함께 축을 이루던 전통적 먹을거리 자급체계는 산업의 변화와 먹을거리의 국가체계 일원화로 점차 붕괴되기 시작하였다.

[3] 로컬푸드 다층성에 대한 논의는 현혜경(2010)을 참조.

이 시기 식량의 상당부분은 공동체 외부에 의존하기 시작하였다. 이로 인해 전통적 먹을거리 자급체계에 대한 의식과 실천은 곧 잊어버렸으며, 먹을거리 문제는 화폐를 가지면 살 수 있는 상품이 되면서 세계적 플랜테이션 농업과 세계적 농식품 유통업체에 의존하게 되었다. 그 사이 먹을거리 문제는 매우 중요한 국제 정치의 문제가 되었으며, 세계적 종속성과 위험성에 노출되었다.

한국의 경우도 마찬가지이다. 일제식민시기와 근대화, 산업화시기를 거치면서 먹을거리 자급률은 27% 미만으로 떨어졌다. 두 세대가 지나는 시기 먹을거리 자급체계에 대한 사회적 지식과 자립능력은 약화되었다. 세대가 넘어가면서 기존의 먹을거리 자급체계에 대한 의식은 점차 흐려져, 오늘날 한국의 많은 사람들은 누구에 의해 무엇이 어떻게 생산되는지도 모른 채, 유통업체의 광고와 대중매체가 전해주는 지식에 의거하여 섭취행위를 선택하고 있다. 어떤 순환체계에 의해 먹을거리의 생산과 유통 소비가 이루어지고 있는지 인식하지 못한 채, 단편적인 소비만을 실행하는 소비의 주체가 되고 있는 것이다.

따라서 먹을거리 자급체계의 전통을 살펴보는 것은 전통으로부터 지혜를 얻어 먹을거리 주권을 위한 자립적 토대를 세우는 일이 될 것이다. 또한 자급체계를 살펴보기 위해서는 그 순환체계에 관심을 둘 수밖에 없다. 순환은 자급을 위한 전제조건이기 때문이다. 생업과 직결되던 시기의 먹을거리 자급체계와 먹을거리의 순환체계 전통을 살펴보는 것은 오래된 전통에서 미래의 가치를 찾는 일이 될 것이다. 잊어버리고 망각하고 있었던 먹을거리 순환체계의 조각(puzzle)을 맞춰보는 일은 미래를 위한 일이 될 것이다.

제주는 오랫동안 생존에 대한 자립성을 키워올 수밖에 없었는데, 섬 안에 존재하는 먹을거리들의 결합방식을 통해 나름의 먹을거리 자급 및 순환체계를 형성하여왔다. 물론 섬 안의 각 마을 혹은 생업공동체에 따라 다시 독특한 식량자급체계를 형성하였을 수도 있지만, 여기서는 제주 전반에 대해 이야기해보고자 한다. 이 장은 1980년대 이전에 초점을 두어 제주지역 먹을거리 순환체계를 살피고 그를 통해 먹을거리 자급체계 일부를 살펴보려 한 것이다.

이론적 자원들

먹을거리 자급체계와 관련한 최근 연구는 2000년대 들어 활발히 전개되어 왔으며, 주로 로컬푸드 연구의 연장 선에서 이루어지고 있다.[4] 대개 먹을거리 주권 및 먹을거리 자급에 대한 연구들은 자연과학분야에서 다루어져왔지만, 최근에는 먹을거리의 세계화에 대한 위기와 대응 전략 속에서 인문사회과학으로 확대되고 있다. 그러나 먹을거리 주권에 대한 연구는 여전히 질적인 '체계'보다는 양적인 '수량' 문제로 접근하는 경우가 주를 이루고 있다. 대개 국가차원에서 국내 식량생산량 총량을 구한 뒤 소비량을 대비시켜 먹을거리 자급상황을 파악하고 있다. 이 경우 주로 잡곡과 쌀 등 곡류를 기준으로 하기 때문에 나머지 식재료에 대한 부분과의 관계는 잘 드러나지 않는다.[5] 지역자급률도 잘 드러나지 않는 한계가 있다.

[4] 인문사회과학분야에서는 핼 웨일(Halweil, 2004)을 필두로 싱어(Singer, 1999; 2008) 메이슨(Mason, 2008), 라페(Lappe, 2003), 웰시(Welsh, 1997), 시바(Shiva, 2000) 등이 선구적이지만, 국내에서는 김종덕(1995; 1997; 2001; 2003; 2005; 2007; 2008)과 윤병선(2004; 2007; 2008a~d), 김철규(2006; 2008a~c), 김흥주(2004; 2006; 2008) 등이 대표적인 학자들이며, 최근 꾸준히 이 분야에 대한 학문적 관심이 급증하고 있다. 이에 대해서는 현혜경(2011) 참조.
[5] 한국의 경우 주로 곡류를 대상으로 5년에 한번 농촌경제연구원에서 조사한다.

그러나 먹을거리라고 하는 것이 인간 삶을 지속시키는 가장 기본적인 요소이기 때문에 먹을거리 문제는 인문사회과학의 논의가 무엇보다 중요하다. 또한 먹을거리 생산과정이 대개 공동체 내에서 이루어진다는 점을 감안한다면 공동체 내에서 이루어지는 먹을거리 순환체계를 통해 살펴보는 것이 식량을 단순히 인구대비 수량의 문제로 바라보는 인구생존의 문제보다 훨씬 내공 있게 먹을거리 자급체계의 문제를 살펴볼 수 있을 것이다.

먹을거리 자급체계를 바라보는 인문사회과학의 관점은 시공간의 구획을 비롯하여, 인간 행위의 관련성, 창조된 먹을거리들 간의 관계, 공동체가 선택한 메커니즘과 가치들을 기본적인 분석의 요소로 둘 수 있다. 그러나 먹을거리와 관련된 인문사회과학의 연구는 이제껏 주로 민속학적, 인류학적 측면에서 간헐적으로 이루어져 왔다. 먹을거리 자급이나 순환체계와 관련된 인문사회과학연구는 거의 존재하지 않는다. 이 또한 먹을거리 문제를 자연과학의 한 일부로 받아들인 측면을 볼 수 있다. 특히 먹을거리 순환체계를 인문사회과학에서 분석하는 것이 녹록하지 않다고 여겨왔기 때문이다.

그럼에도 몇 가지 이론적 흔적들은 먹을거리 자급체계에 대한 꽤 인상적인 영향을 남겼다. 김종덕(2007)은 농업회생을 통해 지역의 먹을거리 체계를 세우는 연구를 진행하였으며, 김흥주(2005) 또한 대안농산물체계를 통해 새로운 먹을거리 자급체계에 대해 전망하고 있다.

제주지역 사례 연구들은 대개 제주도 음식의 종류와 영양학적, 계절적 특징을 말하는 경우가 다수이거나 의례와 관련하여 이야기 하는 경우가 많다. 이런 사례 연구들은 대개 조사보고서 형태여서 한계가 있지만, 제주지역 식량자급체계를 논의하는데 중요한 단서를 제공한다.

연구방법 및 분석틀

먹을거리 자급체계와 순환체계를 분석하는 것은 쉬운 일이 아니다. 먹을거리 자급에 따른 순환체계는 늘 고정된 것이 아니라, 변동의 선상에 있기 때문이다. 따라서 자급체계 분석을 위한 전제는 공동체 구성원 대다수가 먹을거리 생산을 생업으로 하는 시점과 가까이 있어야 한다는 점이다. 전적으로 먹을거리 생산을 생업으로 하는 시기는 먹을거리의 자급체계가 분명히 드러나지만, 생산 활동의 변동과 다른 먹을거리 체계의 개입은 공동체 내에 존재하던 자생적 먹을거리 체계에 큰 변화를 가져오기 때문이다. 때문에 지금의 시점에서 볼 때 자료 수집의 한계가 있음에도 먹을거리 자급체계 전통을 살펴보기 위해서는 먹을거리 생산을 생업의 기본으로 하는 시점에 둘 수밖에 없다. 따라서 이 글은 제주지역사회에서 생업의 변동이 크게 일어났던 1980년대를 기준으로 이전 자료들을 수집하여 제주지역 식량자급체계에 대한 인문사회과학적 분석을 시도하였다. 왜 1980년대인가에 대해 먹을거리 생산에 기반하던 농업활동이 급격히 감귤이라는 환금작물로 전격 대체되면서 자급체계에 큰 변동이 온 시점으로 파악하기 때문이다.

자급체계의 하나로 순환체계를 파악하기 위해서는 먼저 분류형식을 고려할 수밖에 없다. 하나의 체계라고 하는 것은 일련의 기준에 의해 분류형식이 존재하며, 분류형식에 의거하여 체계를 이루기 때문이다. 먹을거리 자급체계 또한 가장 기초적인 시공간의 분류에서부터 인간행위, 가치, 결합의 형태 등에 따라 그 체계를 구성한다. 혹은 공동체가 선택하는 어떤 분류형식을 지니기도 한다. 때문에 한 사회의 전통적 먹을거리 자급체계가 가지고 있던 특징을 파악하기 위해서는 이것들의 분류형식을 파악하여 먹을거리 자급체계를 살펴볼 필요가 있다.

순환체계를 파악하기 위해서 먼저 고려되어야 하는 것은 먹을거리 공동체에서 먹을거리에 대한 1) 시공간적 요소의 문제, 2) 인간행위의 문제, 3) 먹을거리 자체의 범주와 순환고리, 그리고 4) 순환고리를 통해 창조된 음식문화 등을 살펴보아야 한다. 이전 연구들은 대개 먹을거리 특징과 조리법과 사용 특징에 따른 분류에 몰입하고 있어, 순환체계 특성을 살펴보기 위해서는 기존 자료를 해체하여 재분류하는 방식이 필요하다. 먹을거리를 분류하는 범주들은 일반적으로 산업적 차원에서 접근할 때에는 농업, 어업, 축산업, 수산업 등의 분류방식을 따르지만, 식재료 체계 차원에서는 곡류, 서류, 두류, 종실류, 채소류, 과실류, 육류, 계란류, 우유류, 어패류, 해조류 등의 분류를 따른다. 식재료의 결합을 통해 탄생한 음식의 경우 밥, 국, 반찬 등의 분류를 따르지만, 분류방식은 국가, 지역, 학문분야, 학자 등에 따라 다소 차이가 있다.[6] 전반적으로 먹을거리 연구들은 이런 분류 체계 속에서 이루어져 왔다. 다만 이런 일반적인 분류체계가 국가적 특색을 드러내거나 지역 간 비교에 유용할지는 모르겠지만, 생업에 기반 한 지역의 순환적인 먹을거리 자급체계 특징을 살펴보는데 한계가 있다.[7]

 때문에 제주지역의 음식문화를 파악하는 기존 연구들에서도 일반적인 분류 방식을 따르는 한편, 제주에만 있는 음식을 따로 분류하여 제주지역의 먹을거리 종류와 특징 등을

---

[6] 대개 현대 한국의 음식분류는 윤서석(1984, 1991)의 분류를 기준으로 하여 강인희(1984)와 황혜성(2000), 이효지(2005) 분류를 참조하여 그 분류표를 만드는 경우가 많다. 그러나 한 억(1996)에 의하면 한국의 전통향토음식을 분류하는 기준에는 재료별 분류법(《음식디미방(1670년경)》, 《산림경제(1715년)》, 《조선요리(1940년)》)과 조리기법별 분류법(《시의전서(1800녀대 말)》, 《조선요리제법(1930년대)》, 《조선요리법(1938년)》)이 있으며, 《임원십육지(1827년경)》에는 조리기법 분류 속에 재료별로 정리하고 있다. 그 외 《요록(1680년경)》, 《주방문(1600년대 말)》, 《민천집설(1752, 1822)》 등이 있다.

[7] 생업을 바탕으로 한 식문화 공동체는 먹을거리를 바라보는 공동체의 시각 속에서 분류되기도 한다. 예를 들면 제주지역에서 곡류 및 서류를 가공하여 만든 음식에서 '모인 것과 모이지 않은 것'의 구분, '흐린 것과 흐리지 않은 것'의 구분은 식문화 공동체에서 곡류의 품질과 그 식재료를 통해 만든 음식의 품질을 구분하는 중요한 예이다. 이런 분류들은 사실 표준화, 일원화라는 이름 하에 망각되어졌다.

밝히는 연구들이 이어지고 있다.[8] 제주음식의 특징을 밝혀 그 안에 들어 있는 독특한 분류 방식을 살펴보는 것은 제주 먹을거리 자급체계를 살펴보는데 매우 유용할 것으로 보인다.

이 장에서는 먹을거리 범주를 나누어야 하기에 기존 식재료의 범주를 가지고 순환체계를 밝혀보고자 하며, 그 과정은 음식이라는 가공 과정을 통해 어떻게 훌륭히 결합되어 나타나는지 살펴보고자 하였다. 특히 순환체계에서는 '위대한 결합'들이 등장하기 마련인데, 결합에 나타나는 특징과 방식이 순환체계에서 어떤 역할을 하는지 주목하였다.

이 글은 제주지역 먹을거리 자급체계를 논의하기 위해, 제주에 현재까지 조사 보고 되어진 먹을거리 관련 언어, 속담, 향토음식, 산업 현황, 신문 자료 등의 문헌 자료들을 통해 1980년대 이전까지의 식량자급체계를 논의해보고자 하였다. 또한 제주 각지에서 얻은 면담 자료를 이용하였다. 이 과정에서 제주의 전통적인 음식문화를 이해하기 위하여 1999년부터 2005년까지 방대한 자료 조사를 벌여온 농촌진흥청 농업과학기술원의 『한국의 전통향토음식』조사 중 〈제주도 편〉과 김지순의 『제주음식』 보고서를 이용하였다. 이 두 개의 자료들은 일련의 체계를 가지고 제주의 음식에 대하여 일체 보고서를 작성하고 있기 때문이다.

---

8 제주도의 식생활 문화와 관련 있는 기존의 연구는 진성기(2010), 제주도민속자연사박물관(1995), 윤서석(1962; 1993; 1999), 홍양자(1993), 석주명, 황혜성(1986), 고양숙(1988; 2003), 제주도(1996), 김순이(1998), 김지순(2003), 오영주(1999), 주영하(2005; 2011), 강수경(2011) 등에 의해 이루어졌다. 먼저 진성기는 제주지역 음식의 분류를 조리법을 통해 죽, 밥, 국 등으로 분류하고 개괄하였다. 홍양자는 상차림과 조리법을 개관하고, 주식, 떡류, 국, 조치, 전골류, 반찬류 등으로 구분 지었다. 황혜성은 소금, 장류, 곡류로 만드는 음식 등 14가지로 구분하여 서술하고 세시풍속과 관련된 음식, 통과의례와 관련된 음식, 무속제의와 관련된 음식을 구분하여 서술하고, 물, 땔감, 식생활용구 등을 보고하였다. 제주도민속자연사박물관(1995)에서 출판된 [제주도의 식생활]에는 생활을 기준으로 일상식생활, 의례식생활로 구분 짓고, 별도로 민속주, 구황음식, 식생활 관련 도구, 식재료 등으로 분류하였다. 윤서석은 음식에 대한 시대별 검토를 통해 향토음식과 구황음식을 분류하고 있다. 제주도(1996)는 일상음식, 저장음식, 특별음식, 의례음식, 제주(祭酒), 부엌세간, 구황음식으로 나누어 서술하고 있다. 김지순은 제주도 고유음식을 사진과 함께 쉽게 이해할 수 있도록 보고하고, 절기음식(節氣飮食)과 의례음식, 부엌세간으로 식생활 용구를 간략하게 보고하고 있다. 석주명(石宙明)은 의식주를 논하면서 자리회, 조배기를 보고하고 있다.

제주지역 먹을거리 순환체계 변화의 중요한 계기들

농업 구조의 변동 : 자급자족농업에서 환금 농업으로

제주지역 먹을거리 순환체계 변동에 가장 큰 역할을 한 것은 생업인 농업구조의 변동이었다. 농업 구조의 변동으로 제주지역 먹을거리 자급체계의 변화가 시작되었음을 알 수 있는 증거들을 여기저기서 볼 수 있다. 이런 징후들은 대개 자급자족을 위한 먹을거리 재배가 판매를 목적으로 하는 재배로 확산되면서 나타나기 시작하였다. 1913년 공식 통계로 나타나는 것은 무, 배추, 오이 등 채소작물이었으나, 1920년대 들어오면서 기록상으로 새로이 나타나는 작물로서 총두(양파), 감귤, 구약, 면화, 추이(버섯), 연초, 대마, 제충국, 박하, 양잠, 양봉 등 판매를 목적으로 재배되었다(강동식 외, 2009: 138). 즉 환금작물들이 등장하기 시작한 것이다. 진관훈(2004)에 따르면 1930년대 들어서면 본격적으로 제주도 농업은 주곡작물 중심에서 벗어나 환금작물로 변화하였다.[9] 『제주도세요람』을 통해 보았을 때, 보리, 조, 메밀 및 콩 등이 널리 경작되고 있었던 것을 알 수 있다.(『제주도세 요람』, 1939; 강동식 외, 2009: 138)

이 시기 조선총독부는 산업육성정책을 실시하였는데, 1932년 전개된 '농어촌진흥운동'이 제주도에서도 시행되었고, 그로 인해서 농업과 어업의 생산력을 높이는 일이 일어났다〈표 1〉 참조). 이를 통해 제주도사람들의 식량뿐만 아니라, 환금작물(특용작물)로서의 역할

---

[9] 강동식 외(2009)에 따르면, 당시 밭 면적은 9만 1천정보로서 총경지의 99%에 해당하기 때문에 대개가 밭농사에 종사하고 있었던 것으로 보이며, 이 공간에서 자급자족을 위한 농경과 환금작물 판매를 위한 농경작이 함께 이루어졌던 것으로 보인다.

이 농업에 부여되었다. 1915년부터 1919년 사이에 제주도사(濟州道司)를 지낸 일본인 이마무라 도모에(今村鞆, 1870~1943)는 직접 순사와 면서기 등을 이끌고 종래 원시적인 고구마 재배법을 개량하도록 지도하여 고구마를 대용식으로 먹도록 하였으며, 조의 생산량을 늘려서 수출도 할 수 있도록 했다(주영하, 2011).[10] 이 시기 농업의 변동은 이후 먹을거리 순환체계 변동의 시작을 예고하는 것이었다. 물론 어업, 축산업 등의 변동도 있었으나 대개 농업에 종사하고 있었던 점을 감안한다면 농업구조의 변동은 제주사람들의 생업기반의 변동을 의미하는 것이었다.

〈표 1〉 1930년대 제주지역 재배작물

작물명	1938년				5개년 평균(1934~1938년)			
	작부반별	수확고	반당		작부반별	수확고	반당	
			수확량	금액			수확량	금액
겉보리	227,223	242,621	1,068	8.86	241,327	301,237	1,247	9.72
밀	21,801	6,796	383	5.50	17,453	8,349	503	7.26
쌀보리	30,780	30,048	850	11.60	17,453	15,286	842	11.03
조	304,170	340,481	1,120	13.44	307,206	224,388	751	8.03
메밀	48,740	24,975	840	7.75	51,360	25,341	562	5.07
콩	46,972	18,056	383	6.24	57,773	14,745	342	4.98

* 이 정보에서 맥주맥 4천5백석 생산
* 자료: 제주도세요람, 1939, [제주도의 경제], 153쪽

일제시대부터 환금작물 재배의 경험을 가지고 있었던 제주 사람들은 해방 후 본격적으로 각종 채소작물을 비롯해 감귤작물 등 환금작물 재배를 시작하였다. 〈표 2〉는 1962

---

[10] 이때, 고구마와 함께 표고버섯의 생산, 보리 재배의 효율성 제고, 목축 산지, 고구마를 이용한 주정공장의 설립 등이 중요 정책들이었으며, 어로활동 또한 적극적으로 추진되었다.

년에서 1971년까지 재배되었던 제주지역 밭작물의 종류이다. 특히 1962년 '경제개발정책'아래 각종 농어업 증진 사업들이 전개되고, 그에 따라 농업을 위시로 한 어업, 수산업, 축산업 등 생업기반 구조들은 대대적인 변동 아래 놓이게 되었다.[11]

〈표 2〉 1960~1970년대 제주지역 재배작물[12]

구분	종류(1971년 12월 31일 조사 기준)
미곡(1962~9171)	수도, 육도
맥류(1962~1971)	대도, 과맥, 소맥
잡곡(1962~1971)	조, 메밀, 옥수수, 수수, 피
두류(1962~1971)	대두, 소두, 녹두, 채두, 완두, 낙화생, 기타두류
서류(1962~1971)	고구마, 감자
특용작물(1967~1971)	목화, 완초, 들깨, 참깨, 피마자, 박하, 제충국, 유채, 신서란
채소작물(1967~1971)	무, 배추, 양배추, 마늘, 시금치, 양파, 당근, 참외, 수박, 토마토, 고추, 파, 오이, 가지, 호박, 딸기, 미나리
약용작물(1968~1971)	토당귀, 황기, 일당귀, 백작약, 지황, 구기자, 목단, 석상, 우실, 방풍, 만타하나
과실수(1967~1971)	감귤, 복숭아, 감, 배, 포도

이 시기 밭작물의 증가도 환금작물로의 전환으로 증가한 측면이 있다. 아래 곡선에서 서류 수확량이 다른 곡류에 비해 많고 생산의 급등락이 많은 것도 감자와 고구마 등이 환금작물로 전환되었기 때문이었다. 환금작물의 경우 수출환경 등 외부 요인에 상

---

[11] 1962년 한국사회는 생산기반 조성 사업 전개라는 목적 아래 대대적인 농어업관련 조직 개편과 사업이 실시되었다. 당시 대한수리조합연합회(전신 조선토지개량협회(1938년)는 이후 조선수리조합연합회(1940), 대한수리조합연합회(1949년), 토지개량조합연합회로 개칭되면서 대대적인 수리사업과 농경사업을 진행하였다. 이후 토지재량조합연합회는 1970년 농업진흥공사, 1990년 농어촌진흥공사, 2000년 농업기반공사, 2006년 한국농촌공사, 2008년 한국농어촌공사 등으로 변화하였다.

[12] 통계 연보 활용하여 작성함.

당 부분 영향을 받기 때문에 생산량 및 가격에서 급등락은 필연적으로 나타나는 요소였다.

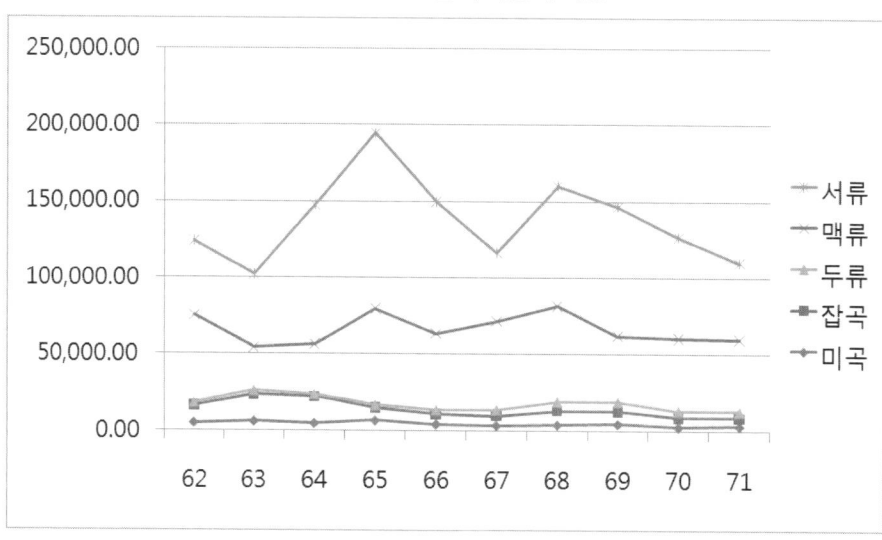

〈표 3〉 1960-70년대 곡물 수확량[13]

1980년대 들어 밭작물의 감귤작물로의 단일화 과정은 가속화되었다. 서귀포 지역에 한정되던 감귤농사는 제주시 및 옛 북제주군 지역까지 확산되었다. 환금작물에서 감귤작물은 절대적인 우위를 점하게 되었다. 더불어 관광업의 성장으로 산업간 이동 인구가 증가하면서 제주도 농업은 자급자족의 농업이 아닌 환금농업으로 이동하는 계기가 되

[13] 통계 연보 활용하여 작성함.

었다. 이는 제주사람들의 생활전반을 변화시키는 중요한 계기가 되었다. 의식주 생활뿐만 아니라, 의례생활, 여가생활, 종교생활까지도 변화시키는 중요한 계기가 되었다.[14]

더 이상 전통적인 먹을거리 순환체계는 존재하지 않게 되었다. 심지어 먹을거리 순환체계의 한 부분을 담당하던 '우영'(텃밭)과 같은 공간은 필요하지 않게 되었다. 필자가 2010년에 조사하였던 한 마을에서는 1990년대까지도 거의 모든 농가가 '우영'을 경작하였지만, 조사당시에는 대개의 우영이 사라지거나 소멸되고 있었다.[15] 그리고 대개의 채소작물은 마트나 시장을 통해서 공급받고 있었다.

식생활 변화를 유도한 '식생활 개선 운동'

생업구조의 변동 못지않게 먹을거리 순환체계에서 눈여겨보아야 할 중요한 계기는 근대적 먹을거리 보급운동이라는 차원에서 이루어진 '식생활개선운동'이다. 이 운동은 1960년대 시작되어 현재까지 지속적으로 이루어져 왔는데, 대표적인 담당 조직이 농업기술센터 등에 속해 있는 '생활개선계'이다.[16] 생활개선계를 통해 이루어진 식생활 개선 운동은 먹을거리 소비 행태를 상당히 바꾸어 놓았다.

---

[14] 김창민(1995)에 따르면 환금작물경제의 도입으로 새로운 생산방식에 적응적인 사회조직체들이 생겨났을 뿐만 아니라, 전통적인 인간관계는 파편되고 마을의 공동체성도 많이 완화하게 되었던 것을 볼 수 있을 정도로 환금경제로의 진입은 제주 사람들의 생활전반을 변화시키는데 중요한 계기가 되었다.
[15] 현혜경(2011) 참조.
[16] 이외에도 식생활범국민운동 본부 등 식생활과 관련된 국가 조직들이 존재하였다. 이와 관련하여 먹는 것에 대한 국가 정치가 어떻게 이루어졌는가에 대한 연구는 차후 본격적인 연구가 필요하다. 선행연구로는 송인주(1999)의 혼분식장려운동을 분석한 글이 있다.

식생활개선 운동은 크게 세 가지 차원에서 이루어졌다. 하나는 학교를 통해 지속적으로 이루어져온 식육(식교육)이다. 도시락관리(혼분식섭취유도, 우유권장 등)을 비롯해 서구 음식을 만드는 실습과정(샌드위치 만들기, 카레만들기 등) 등을 통해 시간의 궤적 속에 완성되어 온 우리 먹을거리 자체를 부정하고, 서구음식이 완벽한 영양소를 함유하고 있고, 가장 이상적인 먹을거리로 인식되도록 하였다. 그 과정에서 서구식 영양소와 재료 다루는 법 등을 습득하도록 독려되었다. 하물며, 육고기를 해체하는 방식이 동서양간에 달라도 교과서는 서구식 육고기 해체법을 배우도록 제시되었다.

다른 하나는 부녀회 등을 통해 이루어진 식생활개선 운동으로 이는 생활개선계를 통해 이루어졌다. 이 조직은 정기적·비정기적 모임과 강연을 통해 서구 음식을 만드는 방법을 습득하였다. 식생활개선과 관련된 잡지가 이 시기에 배포되기도 하였다.[17] 이 잡지에는 서구 양념과 조리법이 가미된 요리들을 만드는 방식이 열거되어 있었다.

이 시기 요리 강습이 전국에서 시행되기도 하였는데, 제주지역 신문에서도 이들 요리 강습에 대한 광고를 심심찮게 볼 수 있었으며, 근대적 혹은 서구적 요리를 배우는 내용으로 채워져 있었다.

〈광고 1〉
1963년 11월13일 제주신문 요리 강습 광고
이 奉(봉) 자 여사
개강: 11월 25일부터 10일 간
한식밥반찬과 도시락을 배우시라,
그 외 간단한 세계 각국 요리 식빵, 가스테라, 각종빵, 각종과자
장소: 칠성통 아세아마크사뒤

[17] 비단 생활개선계만이 아니라, 식생활개선 범국민운동본부에서도 《식생활》이란 잡지를 정기적으로 출간하였다.

> 〈광고 2〉
> 1964년 3월 3일 제주신문 요리 강습 광고
> 고 신 혜
> 요리 내용: 생활에 많이 쓰일 각국 계절 요리, 밥반찬, 도시락, 상 차리기, 스프, 잠, 소스, 각종 최신
> 　　　　　오븐 요리 제공
> 강습회장: 후생의원 2층
> 후원: 제주신문사

　당시 신문기사의 많은 부분들이 서구 조리법을 이용한 요리와 음식을 소개하는 기사들을 싣기도 하였다. 그에 따라 우리나라 양념류에는 없거나 별로 사용하지 않았던 각종 기름과 간장, 조미료 등을 사용한 음식들이 탄생하였다.[18] 마찬가지로 이 시기 외식업에서도 곰탕이나 불고기와 같은 한국음식 외에 서구 음식들이 등장하기 시작하는 것을 볼 수 있는데, 대개 전문 요리사를 두고 있는 요정(요리집) 등에서 나타나기 시작하였다.[19] 1970~80년대 들어 레스토랑과 다방 문화로 서구 음식을 접할 기회는 더욱 늘었지만, 이때까지만 해도 서구 음식은 특별한 날에 먹는 것이었다. 되려 생활전반에 이르기까지는 1990년대 대형마트의 등장을 빼놓을 수 없다.

　제주에 대형마트가 등장한 것은 1990년대로, 1996년 이마트를 시작으로 홈플러스, 롯데마트, 농협하나로 마트 등이 생겨났다. 이 대형마트의 등장은 종래의 재래시장을

---

[18] 예를 들어 1963년 7월 5일 제주신문에는 '여름철 반찬과 도시락'기사를 실으면서 샌드위치, 풋고추 두부조림 관련 기사를 실었다. 당시 식생활개선과 관련하여 지역언론들의 관심을 엿볼 수 있는 대목이다. 지역언론들이 음식문화를 어떻게 견인했는가에 대한 연구는 차후 연구가 필요하다.

[19] 1963년에서 1964년에는 요리집 광고를 신문에서 심심찮게 볼 수 있다. 다음은 당시 신문에 게재되었던 요리집 제일정 광고 문구이다. "제일정 이전 광고(현대식 건물, 2층 콩크리-트)/개업일자 1963년 12월 5일/식당부: 냉면(평탕) 함흥식, 평양식/ 한식사 양식사 일절, 화식사(초밥, 덴동)/요정부: 한식요리, 양식요리 일절, 각종 주류 /이전장소: 남일자부 뒤, 김해루 앞 2층/대소 연회석 완비, 식당 주야 요정 오후5시부터"

크게 위협하였을 뿐만 아니라, 거대 유통망을 통해 세계 각국의 다양한 식재료에 대한 접근성을 높인 만큼이나 먹을거리를 보편적이고 일반적인 음식으로 일원화 시키는 결과를 가져왔다. 역으로 일상의 서구 음식화가 가능하게 됨에 따라 전통음식은 '향토'음식이라는 이름으로 재발명되고, 특수한 것이 되는 상황으로 전도되었다. 뿐만 아니라, 거대 유통망을 통해 들어오는 먹을거리들은 생업에 기반을 둔 작물이 아닌 환금작물의 형태로 들어오기에 외부 요인에 의해 먹을거리 안정성을 크게 위협받았다. 먹을거리의 폭등과 폭락은 매년 경험하는 우리의 일상이 되고 있다.

이런 변동의 시기를 거치면서 제주지역의 먹을거리 순환체계는 서서히 무너져, 먹을거리의 자립능력은 점차 떨어지고 있다. 이 글은 1960~80년대 조사된 제주지역 먹을거리 자료들을 통해 먹을거리 순환체계에 대한 전통을 재인식하고, 그 속에 내포되어 있는 먹을거리 주권에 대한 사회적 함의를 살펴보고자 하였다.

제주지역 먹을거리의 순환체계 특징

먹을거리의 결합과 죽, 떡, 범벅, 국 문화의 탄생

제주지역 먹을거리 순환체계의 특징을 밝혀내기 위해서는 범주를 정하고, 그 범주들이 어떤 결합을 통해 순환관계를 이루고 있는지 살펴보는 것이 중요하다. 이를 위해서 우선은 제주 음식에 드러나는 식재료의 범주를 나누고 순환관계를 살펴보고자 하였다. 식재료는 범주를 나누기 위해서는 제주사람들의 분류법을 통해 그 순환체계를 밝혀내는 것이 더 확실하고 특징을 밝혀내는데 명확하겠지만, 그것은 오랜 작업의 결과로 이루어져야 하기에 차후의 연구로 돌려놓기로 하며, 일단은 일반적인 식재료 분류표에 의해서 그 특징의 일부를 살펴보려고 하였다.[20]

대개 식재료의 범주들은 가공과정을 통해 결합되는데, 이때 식재료 상태에서의 분류는 가공과정을 통하여 새로운 창조물이 되는 순간 다른 분류 상태를 가지게 된다. 예를 들면 채소류와 어류의 결합은 '국' 혹은 '찜'이라는 다른 분류 상태를 가지게 된다는 것이다. 따라서 가공 이전의 먹을거리 분류 상태가 가공을 통해 가공이전의 분류상태를 어떻게 결합시키며 어떻게 새로운 분류 방식으로 전환되면서 순환체계를 갖게 되는지 살펴보는 것은 중요한 일이 될 것이다.

제주지역 사람들의 먹을거리자급 체계를 살펴보기 위해서는 그 순환체계를 연결하

---

[20] 제주도민의 분류법이 종종 정확하지 않다고 하지만, 실제로는 판별가능한 경우가 더 많다.

는 음식을 통해 범주들을 추적해 갈 수 있다. 최소한 제주지역에 수많은 식재료가 외부로부터 들어오기 이전인 1990년대 이전 제주사람들이 가급적 생산하여 먹었다고 보고된 음식들의 종류를 〈표 4〉와 같이 계절별로 재구성해보았다. 음식의 분류는 김지순의 분류를 따라 작성하였는데, 그는 밥, 국, 죽, 지짐(조림), 나물(숙채), 짐치(김치), 쌈, 젓, 범벅/ᄌᆞ베기류, 구이, 장아찌, 회, 전, 적, 떡, 엿, 국수, 찜, 음료, 기타 등으로 제주음식을 분류하고 있다. 이는 재료와 재료의 결합, 가공의 형태 등에 따른 분류로 볼 수 있으며, 국가가 제시하고 있는 표준 분류표에 맞지 않지만, 제주 음식이 육지부와 다름을 나타내는데 유용하다.

〈표 4〉를 통해서 몇 가지가 추론가능하다. 첫째, 계절별로 고른 음식의 섭취 형태를 보여주고 있으며, 이를 통해 1년 동안의 먹을거리 순환체계를 구성하였을 것이라는 추론을 가능하게 한다. 물론 긴 시간의 구성 속에 순환체계가 완성되었음을 전제로 해야 한다. 둘째, 제주의 먹을거리들은 죽, 떡, 범벅, 국 등의 음식이 다른 음식들에 비해 발달되어 있는 것을 볼 수 있으며, 식재료의 결합이 다양하게 이루어지고 있는 것을 볼 수 있다. 셋째, 음식의 조리법에서 삶거나, 찐 음식이 많다는 점도 특징이기는 하지만, 양념류가 발달되어 있지 않다는 것을 알 수 있다. 이런 특징들은 이미 몇몇 학자들이 언급한 특징이기도 하다. 따라서 '맛'을 표현하는 언어도 달랐을 것이다.[21]

다만, 이 글에서 주목하는 점은 그 많은 특징 중에 음식의 결합 방식이다. 〈표 5〉에 보이고 있듯이 다른 지역에서는 보이지 않는 식재료의 결합이 다양하게 나타나고 있

---

[21] 오성찬은 곽지리(2002) 마을 조사를 시행하면서, 맛과 관련하여 곽지 사람들이 사용하는 단어를 다음과 같이 조사한 바 있다. 배지근ᄒᆞ다(감칠맛시 난다), 닉닉ᄒᆞ다(느끼하다), 씨우룽ᄒᆞ다(씁쓸하다), 을크랑ᄒᆞ다(비위에 거슬리게 느끼하다), 삼삼ᄒᆞ다(싱겁다), 등겁다, 등검지다(진한 맛이다), 듬삭ᄒᆞ다(푸진 맛이다), 초랍다(떫다) 등. 이런 언어들을 표준어에 빗대어 설명하고 있지만, 실은 구체적으로 어떤 상황에서 어떤 의미로 사용되고 있는지를 통해 제주사람들의 식감을(맛에 대한) 분류할 수 있을 것으로 보인다.

다는 것이다. 오영주(1999), 허남춘(2005) 등은 이런 식재료의 결합은 부족한 식재료를 보완하는 하나의 차원으로 분석한 바 있는데, 이는 순환고리를 잇는 중요한 지점이 되기도 한다. 특히 식재료의 결합이 구황작물이 필요한 시기일 때에 더욱 발달하는 것도 먹을거리 순환체계의 고리를 이어주는 중요한 역할을 하기 때문이다.

〈표 4〉 제주사람들이 1년 동안 먹었던 음식

구분	봄	여름
밥	곤밥, 잡곡밥, 보리밥, 지름밥, 통밥, 팥밥, 반지기밥, 톳밥, 속밥	곤밥, 잡곡밥, 보리밥, 지름밥, 지실밥, 콩밥, 팥밥, 반지기밥
국	ᄂ물국, 양에순국, 콩ᄂ물국, 고사리국, 꿩마농국, 속국, ᄑ래국, 바릇국, 옥돔국, 장태국, 미역새국, 우럭국, 멜국, ᄆ국, 쇠고기국, 돼지고기국, 복쟁이국, 조기국, 해삼냉국	호박잎국, 고사리국, 바릇국, 붉바리국, 벤자리국, 구살국, 솜국, ᄆ국, 쇠고기국, 보말국, 톨냉국, 정각냉국, ᄆ냉국, 물외냉국, 메역냉국, ᄂ물냉국, 반치냉국, 우미냉국, 오징어냉국
죽	팥죽, 녹디죽, 돗새끼보죽, 옥돔죽, ᄆ른오토미죽, 보말죽	팥죽, 녹디죽, 깅이죽, 닭죽, 보리죽, 대합조개죽, 즘복죽, 뭉게죽, 오분제기죽
지짐(조림)	멜지짐, 복쟁이지짐, 우럭콩지짐, 자리젓지짐	멜지짐, 마른멜지짐, 모살치지짐, 자리지짐, 솔치지짐, 상어지짐, 벤자리지짐, 볼락지짐, 따치지짐, 보들레기지짐, 우럭콩지짐, 장어지짐
나물(숙채)	ᄂ물, 고사리, 녹디ᄂ물, 양에순, 시금치ᄂ물, 지름ᄂ물, 콥대산이무침, 패마농무침, 동지ᄂ물, 난시, 미나리, 세우리, ᄆ자반, 톨무침, 미역채	고사리, 녹디ᄂ물, 세우리, 청각, 미역채
짐치(김치)	꿩마농짐치, 동지짐치	초마기짐치, 수박껍데기짐치
쌈	부르, 양에잎, 페마농, 콥대사니, 톨, ᄆ	부르, 콩잎, 유잎, 메역, 풋고치, 톨, 정각
젓	멜젓, 고도리젓	갈치속젓, 깅이젓, 자리젓, 군벗젓, 개웃젓, 구젱기젓, 구살젓, 솜젓, 오징어젓
범벅/ᄌ베기	속범벅	깅이범벅, 보리ᄌ베기
구이	옥돔구이, 우럭구이	자리구이, 우럭구이, 각재기구이, 소라, 볼락, 장어, 전복
장아찌	꿩마농지	마농지, 반치지, 제피잎지, ᄆ지, 통마늘지

구분	봄	여름
회	돗새끼회, ᄌ다니회, 해삼회, 우럭회	객주리회, 물꾸럭회, 붉바리회, 비께회, 상어회, 한치물회, 자리회, 구젱기물회, 전복회, 군벗물회
전	북부기전, 간전, 초기전, 고사리전, 느리미전, 미수전, ᄆᆞᆯ전	북부기전, 간전, 초기전, 고사리전, 세우리전
적	돼지고기적, 소고기적, 상어적, 봉적, 콥대사니적, 패마농적, 청묵적, ᄆᆞᆯ묵적, 둠비적	돼지고기적, 소고기적, 상어적, 봉적, 구젱기적
떡	침떡, 조침떡, 감저침떡, 대죽팀팀떡, 고달떡, 감자돌레떡, 송편, 상외떡, 빙떡, 기중편, ᄆᆞᆯ새미, 물떡, 만디, 기주떡, 조개솔벤, 양에떡, 둥절비, 송애기떡	제례떡: 골미떡, 우찍, 제편, 과질, 강정, 요애, 솔변, 절변, ᄆᆞᆯ은절미, 중과, 약과, 고달시루떡, 벙것떡
엿		
국수	생선국수, 고기국수	콩국수
찜	오븐제기찜	콩잎찜, 호박잎찜, 오븐제기찜
음료		쉰다리, 개역
기타	두루치기조림, 지진국물국, 달걀반숙, 미음	닭제골, 깅이콩볶음, 두루치기조림, 달걀반숙

구분	가을	겨울	행사(기타)
밥	곤밥, 잡곡밥, 보리밥, 지름밥, 콩밥, 팥밥, 반지기밥	곤밥, 잡곡밥, 보리밥, 지름밥, 조팝, 모인조밥, 콩밥, 팥밥, 감제밥, 반지기밥, 두칭밥	초불밥
국	ᄂᆞ물국, 늡뻬국, 양에국, 콩ᄂᆞ물국, 호박국, 호박잎국, 고사리국, 콩국, 갈치국, 고등어국, 각제기국, 구살국, 솜국, ᄆᆞᆷ국, 쇠고기국, 돼지고기국, 오징어냉국	난시국, ᄂᆞ물국, 늡뻬국, 콩ᄂᆞ물국, 호박국, 고사리국, 콩국, 옥돔국, 장태국, 미역새국, 우럭국, 각제기국, 멜국, ᄆᆞᆷ국, 쇠고기국, 돼지고기국, 접짝뻬국, 아강발국, 항정국, 칼국, 꿩국, 쇠숭국, 보말국	건옥돔국
죽	팥죽, 녹디죽, 고등어죽, 초기죽, 돗새끼보죽, 지실죽, 유죽, 콩주름죽, ᄆᆞ른오토미죽	꿩죽, 콩죽, 팥죽, 녹디죽, 돗새끼보죽, 옥돔죽, 조죽, ᄆᆞᆯ쌀죽, 유죽, 콩주름죽, ᄆᆞ른오토미죽, 깨죽, 보말죽	곤죽(원미), 쇠고기죽
지짐 (조림)	갈치지짐, 고등어지짐, 멜지짐, 서대지짐, 우럭콩지짐, 멸치젓지짐, 자리젓지짐	서대지짐, 돗괴기지짐, 멸치젓지짐	
나물 (숙채)	솎음배추, 고사리, 녹디ᄂᆞ물, 양에무침, 호박탕쉬, 미나리, 고추잎, 진메물	고사리, 녹디ᄂᆞ물, 시금치ᄂᆞ물, 호박탕쉬, 콥대산이무침, 패마농무침, ᄆᆞᆯ닢, ᄆᆞᆷ자반, 톨무침, 무ᄂᆞ물	콩지름

구분	가을	겨울	행사(기타)
짐치(김치)	속음배추짐치, 세우리짐치	배추통짐치, 늠뻬김치, 갯ᄂ물짐치, 패마농짐치	
쌈	호박잎	배추, 페마농, 콥대사니, 뭄	
젓	갈치속젓, 멜젓		
범벅/즈베기	밀즈베기	느쟁이범벅, ᄆ믈범벅, 느쟁이즈베기, ᄆ믈즈베기, 밀즈베기	톨범벅
구이	우럭구이, 고등어구이, 각재기구이, 갈치, 초기, 지실, 감저	옥돔구이	
장아찌	양엣간지, 유잎송아리지, 고추잎지, 고치지		
회	돗새끼회, 다름바리회, 가문돔회, 돔바리회, 비께회, 상어회, 고등어회, 갈치회	돗새끼회, 가문돔회, 돔바리회, 해삼회, 숭어회	
전	북부기전, 간전, 초기전, 고사리전, 느르미전, 미수전, ᄆ믈전	북부기전, 간전, 초기전, 고사리전, 느르미전, 미수전, ᄆ믈전	
적	돼지고기적, 소고기적, 봉적, 청묵적, ᄆ믈묵적, 둠비적, 양에적	돼지고기적, 소고기적, 봉적, 꿩고기적, 노루고기적, 콥대사니적, 패마농적, 청묵적, ᄆ믈묵적, 둠비적	태두적, 오징어적
떡	무속떡: 돌래떡, 조매떡, 오물떡, 벙개떡, 방울떡, 고리동반, 손외성, 발외성, 월변, 보시시리, 개떡, 낙가시리, 정정괴		
엿		마농엿, 먹쿠실엿, 새비엿, 익모초엿, 하늘레기엿, 꿩엿, 닭엿, 호박엿, 돗괴기엿	
국수	고기국수	생선국수, 고기국수, 꿩ᄆ믈칼국수, ᄆ믈국수	
찜	호박잎찜		달걀찜
음료		강술, 오메기술, 감주	
기타	두루치기조림, 지진국물국, 달걀반숙, 숙복	꿩토렴, 꿩만두, 두루치기조림, 지진국물국, 떡삶은국, 달걀반숙, 청묵	

이 결합의 지점을 살펴보면, 곡류, 서류, 두류, 채소류, 육류, 어패류, 해조류 등이 서로 양자 혹은 삼자, 사자 간의 관계를 유동적으로 맺으면서 그 순환 고리를 잇는 것을

볼 수 있다. 특히 곡류와 채소류, 해조류는 서류, 두류, 육류, 어패류 등과 긴밀한 관계를 유지하면서 새로운 창조적 음식들을 생산하여 전체 식량의 균형을 맞추고, 순환체계를 이끄는 견인차 역할을 하고 있는 것을 볼 수 있다. 이런 결합의 지점에서 죽, 떡, 국 음식이 발달하는 것을 볼 수 있다. 제주지역의 죽, 떡, 국은 다른 지역에 비해 유독 다양한 식재료들이 결합되는 점을 볼 수 있다.

〈표 5〉 먹을거리 식재료들간 결합 여부

결합대상	곡류	서류	두류	채소류	육류	어패류	해조류
곡류	○	○	○	○	○	○	○
서류	○	○		○	○	○	
두류	○		○			○	
채소류	○	○	○	○	○	○	○
육류	○		○	○		○	
어패류	○	○	○			○	○
해조류	○			○	○	○	○

*○ 표시는 결합 여부가 있음을 의미함

〈표 4〉를 재분류하여 식재료 간의 결합을 정리해보면 〈표 6〉와 같이 정리된다. 〈표 6〉를 통해 보면 현저히 죽, 떡, 국 음식에서 채소류, 해조류, 곡류, 어류, 육류가 상호 대응관계를 갖는다는 것을 알 수 있다.[22]

---

[22] 대응이라고 하는 것이 어떤 일이나 사태에 나름대로의 태도나 행동을 취함, 같은 정도로 마주하다는 사전적 언어로 보았을 때, 여기에서의 대응관계는 하나의 음식을 형성하는데 상대 재료에 대하여 주종관계가 아닌 대등한 관계를 형성한다고 보는 것이다.

〈표 6〉 음식을 통해서 나타나는 식재료들 간의 결합

결합대상	곡류				
	밥	죽	범벅	떡	국
두서류	감제밥 지실밥	지실죽 콩주름죽	무 물범벅	감저침떡 감자돌레떡	
채소류		초기국	느쟁이범벅	조침떡, 빙떡 양에떡	
해조류	톳밥		톳범벅		
곡류			속범벅		

결합대상	어류			육류		
	국	죽	범벅	국	죽	엿
두서류						
채소류	양에순국 호박국 호박잎국 갈치국 고등어국 각제기국 멜국, 조기국 오징어냉국 해삼냉국			고사리국 돼지고기국 항정국		
해조류	바릇국,옥돔국 우럭국 붉바리국 벤자리국 성게국, 솜국 보말국			몸국 쇠고기국 접짝뼈국 아강발국 쇠승국		
곡류	〈국수〉 생선국수	깅이죽 고등어죽 옥돔죽 대합조개죽 줌 복죽 무른오토미죽 문어죽 보말죽 오분제기죽	깅이 범벅	몸국 쇠고기국 접짝뼈국 아강발국 쇠승국	꿩죽 돗새끼보죽 닭죽 쇠고기죽	꿩엿 닭엿 돗괴기엿

특히 채소류와 해조류는 어류, 육류 등과의 결합을 통해 다양한 '국' 음식을 발달시키고 있다. 곡류는 어류와 육류를 통해 '죽'음식을 발달시키고 있다. 또한 곡류와 서류, 곡류와 두류, 곡류와 채소류를 통해 '떡' 혹은 '범벅'이라는 음식을 발달시켰다. 이런 대응 관계와 결합은 육지부의 벼농사 위주의 식단만으로 순환체계를 구성하는 문화와는 다를 수밖에 없고, 이런 결합을 통해 1년 동안의 먹을거리 자급의 순환을 완성할 수 있었다고 여겨진다. 때문에 제주 음식의 이름들은 대등한 식재료를 포함한 이름을 갖거나 새로운 이름으로 창조되기도 한다. 예를 들면 갈치국이 아니라, 갈치 호박국, 혹은 범벅이라는 이름으로 창조되는 것이다.

대개 먹을거리의 순환체계를 이야기할 때 곡류의 생산과 소비를 기준으로 그 순환체계를 상정한다. 그러나 절대적으로 곡류가 부족한 제주의 상황에서 곡류와 상시 결합할 수 있는 채소류, 해조류, 어패류 등은 중요한 순환체계를 형성하는 고리 끈이 되어 왔다. 그리고 이들의 관계는 양자, 삼자, 다자간의 대응적 결합을 통해 창조적인 음식문화로 거듭났다.

특히 이렇게 채소류와 해조류, 어패류 등이 중요 역할을 할 수 있었던 점에는 이들 식재료의 순환기간이 가장 짧기 때문인 것으로 보인다. 식량 상황에서 중요한 역할을 하였던 곡류, 두서류는 특정기간에 수확해서 장기 저장해야 하며, 그 수확의 부침이 컸던 제주상황을 고려해 보면 상시 수확이 가능한 채소류, 해조류, 어패류는 중요한 연결 끈이 되었던 것으로 보인다. 채소류는 집 안팎의 '우영'을 통해 사계절 내내 생산이 가능하였다. 대개 우영을 경영하는 경우 1년에 평균 30여 가지의 채소류를 섭취할 수 있었다(현혜경, 2011). 어류 또한 제주 바다에서 계절과 물 때를 달리하면서 각종 어류가 늘 잡혔다. 때문에 그 종류가 다양하였다. 반면 해조류는 섭취하는 종류는 적었지만, 말려둘 수 있는 장점이 있었기에 주로 말려둘 수 있었던 미역과 톳, 모자반 같은 것들이 이용되었다.

고구마메밀 범벅과 만드는 과정, 표선리 양석진님(70세) 재현.

사진 강수경(36) 제공

돼지뼈를 우려낸 국물에 몸 등을 넣어 만든 몸국

육류를 비롯해, 종실류, 과실류, 계란류, 우유류, 유지류 등은 순환적인 체계 속에 있다기 보다는 비정기적인 것들이었다. 이런 것들의 섭취는 일상에서 이루어지기 보다는 겨울의 보양식이나 특별한 날 등 의례의 과정에서 특별히 섭취가 나타나고 있는 것을 볼 수 있다.

이런 죽, 떡, 범벅, 국 문화는 몇 차례의 사회적 요인들에 의해 곡류의 다량 유입과 근대 식생활이라는 명목 하에 일상생활에서 멀어지게 되었고, 쌀 중심의 식생활 문화로 급격히 변동하였던 것을 볼 수 있다.

노동력의 결합을 통한 생산 · 분배의 순환과정

제주지역의 먹을거리 순환체계를 유지하기 위해서는 먹을거리의 생육주기 못지 않게 그것을 길러내기 위한 노동력 투입은 선결조건이 될 수밖에 없었다. 그러나 모든 식재료에 대한 노동력을 개인이나 가족단위 수준에서 해결할 수 있는 것은 아니었다. 먹을거리의 순환체계를 이루기 위해서는 그 순환체계에 필요한 노동력의 결합이 선결될 수밖에 없었다. 그리고 그 노동력의 안배에 의해 먹을거리의 순환체계를 이루는 각 범주의 먹을거리 생산들이 이루어지고 결합될 수 있었다. 제주에서 각종 자발적 결사체가 발달할 수밖에 없었던 이유도 그런 맥락에서 파악될 수 있다.

제주지역은 생업 및 의례와 관련하여 자발적 결사체가 매우 발달되어 있는 지역 중의 하나이다. 생업관련 자발적 결사체는 일상과 관련 있지만, 의례관련 자발적 결사체들은 특별한 날과 관련이 있다. 이런 자발적 결사체들은 그 인원수, 조직의 특징, 자원동원 능력, 목표 등에 따라 다양한 형태로 분류될 수 있는데, 중요한 특징은 이들 자발적 결사체들은 생업 및 의례와 관련하여 중첩적으로 결사하면서 다양한 노동력의 결합 형태를 보여 왔다. 제주지역 사회는 감귤작물재배 이전까지 뚜렷하게 산업별 분업이 이루어졌다고 말하기 어렵다. 따라서 목축도 하면서 농사도 짓고, 어업을 하면서도 농사를 지었기에 다양한 형태로 노동력을 결합할 수 있었으며, 노동력에 유동성이 있었다.

제주의 마을지들 중 자발적 결사체들이 언급되어 있는 마을지들을 수합하여 조사하였더니, 제주지역 마을들에서는 적어도 1980년대까지는 전통적 결사체들이 존재하고 있었다.[23] 전체 마을 유지들로 구성된 향회 이외에 통과의례와 관련하여 혼례접(뛔겟접, 모대접, 가마접-혼례관련), 상장례접(화단접, 사상계접, 상예계, 상장접-장례) 등이 있었으며, 생업과 관련하여 모쉬접, 개구미접, 그물접, 물방애접(물고래계, 물고랑접), 그릇접, 쌀접 등이 있었다. 이런 자발적 결사체들은 마을이나 공동체의 규모에 따라 구성원 수가 다르지만, 대개 10~20명 안팎이었다. 이외에 신앙을 매개로 한 '접'과 다른 특수 목적을 가지고 태동한 '접'들까지 크고 작은 접들이 한 마을 내에 존재하고 있으며, 모계, 처계, 부계까지 한 마을 안에 존재하는 경우가 많아, 한 사람이 동원할 수 있는 노동력의 범위는 매우 유동적이고 중첩적이었다. 특히 드러나는 부계와 달리 드러나지 않는 모계, 처계의 네트워크는 자발적 결사체들을 공고히 해주는 강력한 무기였다.

또한 이 네트워크는 부계 조직과 거의 대등한 위치를 차지하고 있었다. 감귤작물재배 이후 제주지역 농촌사회가 더욱 가부장적 특성을 드러내는 것은 부계, 모계, 처계의 대등관계가 부계 우세로 전환되었기 때문이며, 그 이면에는 상호 노동력 공유의 필요

---

[23] 온평리(1991), 색달리(1996), 평대리(1990), 일과리(1992)지 등을 참조하였다. '접'은 '계'로도 불리며 자발적 결사체를 일컫는 말이다.

성이 없어졌기 때문이다. 환금작물 경제에서 영농방식이 분화되고, 그에 따라 작목반이 조직되었는데, 이러한 조직들은 생산을 위한 자재를 공동 구매하고 출하를 공동으로 하였다. 이러한 조직체들은 경제논리에 근거하여 운영되었기 때문에 전통적인 인간관계와 사회조직체들은 비합리적, 비경제적인 것으로 인식되었다. 이에 노동력은 더 이상 공동의 노동이 아닌 판매를 위한 수단으로 전락하였다(김창민, 1995).

〈그림 1〉은 제주지역에 마을에 대개 존재하였던 자발적 결사체들이 어떻게 노동력 결합을 이끌어 내고 있는지를 보여주는 도식이다. 오늘날의 트위터(twitter), 페이북(facebook)을 연상시키는 결사체가 제주사회에 존재하고 있었다.

〈그림 1〉 자발적 결사체들의 노동력 연대 범위

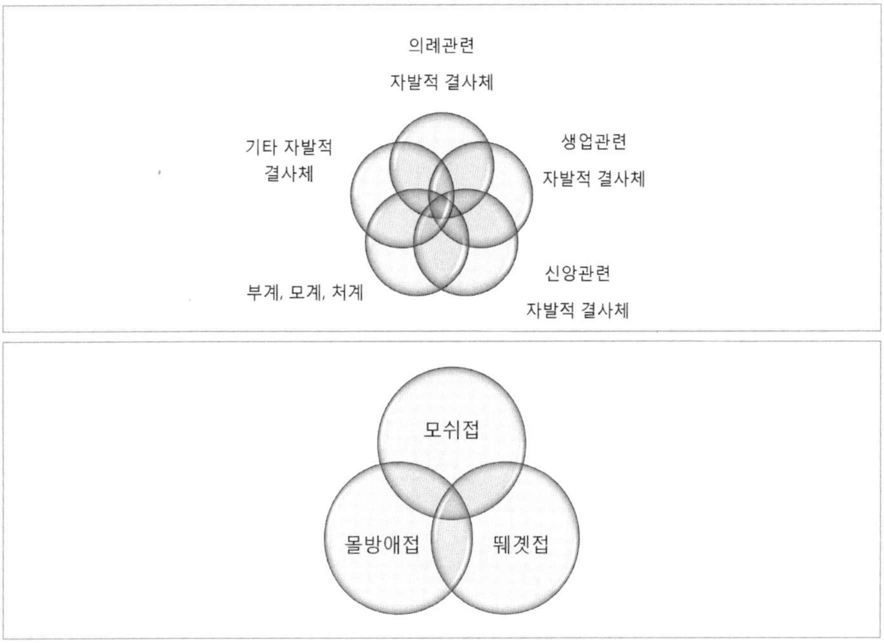

이 도식을 통해도 알 수 있는 것은 한 구성원이 성격을 달리하는 여러 개의 자발적 결사체에 가입하여 활동하면서 거기에 가입되어 있는 구성원들의 노동력을 연대한다는 것이다. 예를 들어 뒈껫접에 속해 있는 구성원이 물방애접과 모쉬접에 가입되어 있다면, 두 개의 접에 속해있는 구성원들로부터 노동력을 제공받을 수 있을 뿐만 아니라, 모쉬접과 연결되어 있는 다른 자발적 결사체로부터도 노동력 제공이 가능하다. 따라서 거의 모든 마을 성원들이 한 집의 생업과 의례에 전부 관여하는 구조를 형성시켜왔고, 이중 삼중의 부조 문화도 독특하게 형성될 수밖에 없었다.

넉동배기 놀이는 잔치 등 큰 일이 있을 때에 마을 공동체 및 자발적 결사체 구성원들이 모여 놀며 유대를 강화하는 공간이다.

잔치에서 공동체와 음식을 나누는 행위는 매우 중요한 일로 여겨진다. 특히 돼지고기, 두부, 순대는 '반(盤)을 태운다(나눈다)'고 표현할 만큼 균등하게 분배하는 것이 중요하다.

따라서 이런 중첩적인 자발적 결사체의 형태는 노동력을 모으는데 중요한 역할을 하였으며, 물자가 부족한 상황을 이겨나가고 먹을거리의 순환체계를 형성하는데 중요한 역할을 하였다. 또한 이런 협업을 통해 생산 활동이 이루어졌기에 아무리 사적인 먹을거리라도 통과의례 및 신앙의례들을 통해 공동체에게 음식을 나누는 분배의 과정이 이루어졌다. 이를 통해 돌봄과 위기관리가 자치적으로 이루어졌다.

그러나 환금작물의 시대로 본격화되는 1970~80년대를 기점으로 자발적 결사체 성격들이 바뀌어가는 것을 볼 수 있었다. 이 시기에 전통적인 결사체들을 대신해서 청년회, 부녀회, 어촌계, 농기계 이용반, 잠수회, 각종 영농계, 작목반 등의 근대적인 조직의 형태로 변화하는 것을 볼 수 있다. 이 과정에서 다양한 결사체들을 동원하여 다층적으로 노동력을 연동하던 전통은 경제논리에 입각한 단편적인 노동력 공유로 전환되어 나갔다.

순환체계의 공간과 공동관리 방식

먹을거리의 생태적 순환체계를 이루기 위해서 가장 기본적인 요소는 공간이다. 공간이 어떻게 설계되느냐에 따라 생태적 먹을거리 순환체계가 형성될 수 있느냐 없느냐가 달려 있다. 그런 점에서 제주지역에서 먹을거리와 관련하여 나타나고 있는 여러 공간적 장치들을 살펴볼 필요가 있다. 우선은 먹을거리를 직접 생산하고 소비시키고 있는 가옥 구조를 비롯해 공동체 속에서 이루어지는 먹을거리 관련 공간 구획들을 살펴볼 필요가 있다.

제주지역의 전통 가옥에서 먹을거리와 관련된 공간들은 '챗방', '고팡', '정지', '눌굽',

'통시', '우영' 등이 있다.[24] 이것들을 하나의 연결선상에서 놓고 본다면 생산 공간인 '우영'과 유통공간인 '고팡', 소비공간인 '정지'와 '챗방'이 이어진다(현혜경, 2011). 대개 유통공간인 고팡에는 서류와 곡류, 두류 등이 보관되어진다. 그리고 소비를 생산으로 이어주는 '통시'가 존재한다. 통시의 거름은 다시 생산을 위한 자원으로 활용되기 때문이다. 이런 공간구획을 통해 먹을거리들은 상시 결합하거나 순환할 수 있는 체계를 가질 수 있었다.

이런 공간 구획은 공동체의 공간 구획으로까지 확장되었다. 마을 공동체 안에서 먹을거리 관련 공동의 공간은 대개 생산과 유통의 공간으로 활용되었다. 생산은 주거지 안팎에서 이루어졌지만, 유통은 마을 공동체 공간 안에서 이루어지는 경우가 많았다. 곡류, 두류 등을 말리는 공간이기도 하였으며, 저장하는 '눌(눌)'이 만들어지는 공간이기도 하였다. 혹은 가공하는 일들이 마을 공간 안에서 이루어졌다. 곡류의 가공이 이루어지는 물방애는 한 공동체 안에 여러 기가 있었는데, 많게는 10여기 이상 있는 경우들도 있었다. 물방애를 공유하는 사람들은 자발적 결사체인 접으로 조직하여, 이용하고 관리하였다.

공간의 관리 방식에서도 철저하게 공동의 관리 방식을 선택하였다. 예를 들어 모쉬접은 농부들이 돌아가면서 목초지와 우마를 관리하도록 조직되어진 결사체이다. 그리고 그 조직을 통하여 생산 공간을 관리하는 방식을 선택하였다. 이런 관리 방식은 바다밭을 나누어 관리하는 잠수들에게도 나타났다. 또한 공간은 어업, 농업, 목축업 등이

---

[24] '챗방'은 식사를 하는 공간이다. '고팡'은 곡식 등을 저장해 두는 창고이다. '정지'는 취사를 담당하는 부엌이다. '눌굽'은 탈곡하기 전후의 곡식들을 쌓아 놓는 곳으로 주로 집 마당이나 집 근처에 마련되었다. '통시'는 돼지를 기르는 곳으로 음식물 쓰레기는 돼지의 사료로 긴요하게 쓰였다. '우영'은 집 주위를 두르고 있는 채소 텃밭이다.

함께 공존할 수 있는 범위 내에서 구획되어졌다. 앞 절에서 보았듯이 목축업에서의 노동력 연대는 농업에서의 노동력 연대로 이동하기도 하고 농업 노동력이 어업 노동력으로 이동하는 등 노동력의 유기적 연대와 유동성이 함께 존재하였다.

협업과 먹을거리 관련 공간의 공동 관리를 위한 자발적 결사체들의 연대는 먹을거리 분배에서도 나타났다. 제사나 혼례 등 일명 큰 일로 일컬어지는 의례들에서는 종종 '갈라먹다', '먹으러 가다'의 표현을 사용한다. 이런 공유와 분배의 문화는 공동체 '반 나누기' 문화를 탄생시키기도 하였으며, 육고기를 분배하는 도감의 역할을 중요하게 인식하도록 만들기도 하였다.

사실 먹을거리와 공간, 공간의 공동 관리에 대한 문제는 아직 본격적으로 연구되어진 적이 없다. 그 사이 환금작물의 시기가 도래하면서 이런 먹을거리관련 공간들은 생업구조의 변화로 변용되거나 먹을거리 유통망에 의해 확장되었다. 그 과정에서 공간에 대한 인식과 실천은 분절이 일어났으며, 공동체의 먹을거리 순환체계를 이루던 기반은 점차 상실되기 시작하였다. 분절적 공간들의 결합은 먹을거리의 순환시간을 늘리거나 순환을 단절시키는 효과를 가져오고 있다. 이것은 자정능력이 점점 더 약화될 수 있음을 의미하는 것이다. 그런 점에서 최근 제주지역에서 일어나고 있는 지역공동체 공간 살리기와 공동체 공간 관리방식은 눈여겨볼 만한 하다.

제주지역 먹을거리 순환체계의 사회적 함의

공동체를 살리는 '대등' 결합

제주지역 먹을거리 순환체계 형성에서 주목할 만한 특징은 앞서 보았듯이 '대등' 결합의 특징을 보인다는 것이다. '대등'이란 '같은 정도로 일이나 사태에 마주한다는 것'으로 제주지역 먹을거리 순환체계를 형성하는 결합과정에서 중요하게 나타나고 있다. 순환체계를 형성하는 식재료의 결합에서도 주종관계가 아닌 상대 재료에 대한 대등한 관계를 통해 새로운 음식으로 창조되는 과정을 보인다는 것이다. 그 창조과정을 잘 보여주는 죽, 떡, 범벅, 국 등에서 먹을거리의 이름들 또한 대등한 관계임을 보여주고 있다.

창조의 과정을 통해 먹을거리 순환체계를 이루도록 하는 이 위대한 결합은 노동력의 연대에서도 드러나고 있다. 마름과 소작의 관계가 아닌 자발적 결사체들의 노동력을 대등한 관계에서 동원할 뿐만 아니라, 한 생업 공동체 안에서 부계, 모계, 처계가 대등한 권력 관계를 형성하여 노동력을 공유하고, 그 대등한 노동력의 공유를 통해 생산한 먹을거리를 의례과정 등을 통해 재분배하는 체계를 이루고 있기에 공동체의 자원과 관리에 대한 공적 영역이 자치적으로 형성되고 있다. 이는 현재의 국가에 의한 공적 영역의 관리와는 다른 맥락임을 알 수 있다. 이 '대등'결합은 우연의 음식을 만들어내기도 하지만, 또한 중첩된 네트워크를 통해 가장 강력한 사회안전망의 역할을 하고 있는 것이다.

특히 '대등'결합은 누가 특별히 더 많이 소유할 수 있는 구조를 지양하고, 공동체가 지속적으로 살 수 있는 토대를 마련하도록 생태적 행위와 속성들을 내포한다. 누가 특별히 더 많이 소유한다는 것은 제한된 물자 내에서 공동체 전부에게 위기가 찾아올 수 있기 때문이다. 때문에 이 '대등'결합은 인간이 만들어내는 위기에 대한 자정능력을 행사할 수 있다. 이런 점에서 하딘(Hardin, 1968)의 '공유지의 비극(The tragedy of the Commons)'과는 전혀 다른 맥락을 제주사회의 전통에서 살펴볼 수 있는 것이다.[25]

제주지역 먹을거리 순환체계에서 나타나는 이 '대등'결합을 통해 먹을거리에 생태성과 피지배성, 비위계적 성격을 내포하게 되었으며, 주종관계나 종속관계를 두지 않았다. 주종관계나 종속관계는 곧 먹을거리 순환체계의 위기이자, 먹고자 하는 주권의 상실이며, 공동체의 위기로 받아들여졌기 때문이다. 이런 제주사람들의 태도는 그들이 먹을거리를 대하는 태도에서도 나타난다. 이 부분에 대해서는 다음 절에서 논하고 있다.

대등하다는 것은 같은 힘과 상대성을 가진다는 것을 의미한다. 대등하다는 것은 배타적인 성격으로 오인되기도 하지만, '대등'결합은 위기를 막거나 위기를 구하는 데 유용함을 알 수 있다. 그러나 이런 제주사회의 대등 결합은 환금작물의 등장과 생업기반의 변동, 새로운 먹을거리의 등장 등으로 더 이상 결합이 필요 없어지면서 제주사회의 역사문화 한 켠으로만 남게 되었다. 그리고 먹을거리 체계는 완전히 외부에 의존하게 되는 상황이 되었다. 그 속에서 제주 사람들의 먹을거리는 점차 외부 종속적 상황에 놓이게 되었으며, 제주사람들이 먹었던 음식은 '향토'음식이라는 상품화된 음식으로 재창조되어 특별한 음식이 되고 있다.

마찬가지로 먹을거리를 생산하던 공간은 이제 그 흔적을 찾아보기 힘들 정도로 개발의 논리로 인해 그 공간이 유명무실해지거나, 변화하거나 확대되었다. 먹을거리만 놓고 보았을 때, 거대 유통만이 존재하는 오늘날 공간은 무의미한 존재가 되었다. 공간의

---

[25] 이에 대해 앨리너 오스트롬(2000)을 참조하였다.

상실은 먹을거리 순환체계의 근간을 흔드는 요인이 되었다. 현재 우리는 충분한 먹을거리를 공급받고 있다고 여기게 되었지만, 실제 먹을거리를 통한 집단 위기에 노출되어 있다. 문제는 그런 위기를 자정시켜줄 대등한 주체나 결합이 부재하다는 것이다. 거대한 힘으로 인한 위기를 관리할 수 있는 대응 주체와 대응 요소들의 부재를 인식해보아야 한다.

따라서 이런 전통을 살펴보는 일은 자생능력을 기르는 힘이 될 것이다. 또한 그런 자생 능력 아래 펼쳐지는 먹을거리의 주권에 대해 전망할 수 있을 것이다.

먹을거리를 생애주기로 다루는 방식

현대 사회에서 먹을거리를 다루는 방식은 대개 '신선한 것'과 '신선하지 않은 것'이라는 기준이 동원된다. 먹을거리에서 이것이 주요 기준이 된 데에는 먹을거리와 관련된 상당부분이 시장과 거대유통망을 가지고 있는 대형마트에 의존하고 있고, 장단거리 유통과정을 통해 들어오는 먹을거리는 유통과정에서 생길 수밖에 없는 문제를 판단하는 데 중요 기준이 될 수밖에 없다.[26] 따라서 신선도를 유지하기 위한 각종 기술이 동원된다. 먹을거리에 대한 인간중심의 태도가 고스란히 드러나는 셈이다. 또한 신선한 것을 가지고자 하는 인간들의 경쟁이 가열된다. 때문에 신선한 것을 소유한 자는 권력이 있는 자이지만, 그렇지 않은 자는 신선한 것을 소유할 수 없다는 음식문화의 구별 짓기가 권력의 표상이 되기도 한다.

---

[26] 이 '신선도'라는 맥락 때문에 CA 혹은 MA 저장과정이 유통과정에 존재하게 된다.

그러나 제주지역의 먹을거리 순환체계는 대등한 결합을 통해 창조적으로 운영되어 왔던 만큼, 먹을거리를 다루는 방식에서도 오늘날 인간과 먹을거리 사이를 종속관계로 보는 시각이 아닌 생애주기로 다루는 방식들을 발견하게 된다. 그것은 먹을거리를 구분 짓는 제주사람들의 언어를 통해 살펴볼 수 있다. 이 언어들을 통해서 보면 먹을거리 재료들에 일반적으로 사용되는 언어가 '어린 것(새끼)', '늙은 것', '센 것', '쑤든 것' 등이 남아있는 것을 볼 수 있다. 어린 ᄂ물, 어린 도새기, 어린 미역, 어린 고사리, 센 고사리, 세어버린 무, 새끼 도새기 등등 많은 언어들이 생애를 나타내는 언어로 구성되어 있다.

이것은 신선도를 기준으로 하는 것과는 다른 차원이다. '어린 것'이든, '늙은 것'이든 모두 신선할 수 있다. 여기서의 구분은 식재료의 생육을 기준으로 아직 적정의 성장이 이루어져 있지 않은 것은 '어린 것'이며, 적정의 성장을 넘어 '늙은 것'으로 명명함으로써 전체 먹을거리가 생산 소멸되는 이행과정까지 포함하는 것을 볼 수 있다. 그리고 이런 생육 주기에 따라 이용 용도를 달리 해 왔다. '어린 것'일 때 사용되는 먹을거리로서의 역할과 '늙은 것'일 때 사용되는 먹을거리로서의 역할은 달랐다. 생채일 때는 '어린 나물(ᄉ키)'이 좋지만, 숙채일 때에는 '늙은 나물(ᄉ키)'이 이용된다. '어린 미역'은 생채에 선호되지만, '늙거나 세어 가는' 무는 무말랭이로 이용되었다.

오늘날처럼 신선도와 규격화에 의해 식재료로써 적합성 여부를 판단하는 식재료는 없다. 너무 크거나 너무 작다고 해서 상품화가 되지 않는 과일이나 채소는 없다. 또한 식재료의 성질, 효능, 외양 등의 특성에 근거하여 분류하거나 이용되는 차원과 다르다. 오늘날 적정 생육을 맞추기 위한 비정상적 생육과정이나 인공적인 생육과정이 억지로 존재하지도 않았다. 전체 인간의 삶을 지속시켜주는 순환체계 속에서 먹을거리의 순환체계도 유지되어야했기 때문이었다. 이런 생애주기 분류 외에도 먹을거리를 키우는 장소나 이용 용도, 먹을거리 안에서의 특성 등에 따라 또 다른 분류가 일어나기도 하였다.[27] 그러나 전체적으로는 인간 생활의 주기에 따라 먹을거리들의 주기 또한 인식되고 있다는 것을 알 수 있다.[28]

먹을거리의 명명만 보더라도 실제 매우 구체적인 분류들이 제주사람들의 음식문화 속에 존재하여 왔음을 추론할 수 있다. 그러나 이 미묘한 차이에 대한 살펴봄 없이 제주음식을 결과론적으로만 대한다면, 거기에 숨어 있는 수수께끼는 영원히 묻히게 될 수 있다. 그리고 이런 태도는 우리가 잊고 있었던 먹을거리에 대한 태도 일면을 반성하게 한다.

---

[27] 예를 들어 '가름도새기'는 혼례를 위해 구분 짓는 돼지이다. 이와 같이 분류방식에는 공동체 나름의 원칙이 존재한다는 것이다. 그러한 원칙을 밝히는 것은 지속된 작업 속에서 이루어질 수 있다.

[28] 제주지역에서는 유독 먹을거리 관련 속담들이 인간행동과 관련 있는 측면들을 발견할 수 있다. 이에 대해서는 고재환(2001)을 참조할 것.

제주 먹을거리
풍경

나오며
: 순환체계의 음식문화를 위하여

　제주지역의 먹을거리 순환체계가 어떻게 형성되어 왔는지 파악하는 것은 매우 어려운 일이다. 먹을거리는 언제나 시간의 변용 속에 놓여 있기 때문이다. 식민지 식량체계와 환금작물의 시대, 산업화와 대형마트의 등장과 같은 사회변동 요소들은 먹을거리의 변용 속도를 가속시켰다. 때문에 현재 시간의 궤적 속에 놓인 음식을 통해 먹을거리 순환체계의 변용을 추론하고 조각을 맞추어볼 뿐이다. 이전 생업에 기반하던 제주지역 음식문화에 대한 조사들은 최소한 1980년대 이전까지 제주지역 먹을거리 순환체계를 밝혀내는 데 도움을 줄 것이다.

　현재 전 세계적으로 먹을거리 문제가 큰 사회적 문제가 되고 있다. 제주지역 역시 사회변동 속에서 먹을거리 순환체계가 해체되어 나가기 시작하였고, 그 과정은 곡류와 채소류의 순화체계의 붕괴부터 시작되었다고 볼 수 있다. 한편 먹을거리 상당부분을 공동체 외부에 의존하면서 대형유통망을 통해 들어오는 먹을거리를 통해 다양한 종류를 접하게 되고, 제한된 작물에 대한 접근이 쉬워지면서 먹을거리의 민주화가 진행된 것처럼 보이지만, 실제로는 먹을거리 상당수를 공동체 외부에 종속시키는 결과를 가져온 것 또한 사실이다. 그 과정에서 우리가 재인식해볼만 한 전통을 찾는 것은 의미가 있다고 여겨진다.

　먹을거리 순환체계를 파악하는 요소는 여러 가지가 있겠지만, 먹을거리의 순환체계에서 나타나는 특징과 그것을 좌우하는 인간의 행위와 시공간의 문제를 살펴보는 것으로 이 글은 제한을 두었다. 그리고 그 속에서 부족한 자원을 통해 먹을거리 순환체계를 형성시키는 '대등' 결합의 특징들도 파악할 수 있었다. 그리고 그것이 공동체의 공공적 관리를 위한 중요 요소임을 알 수 있었다.

현재 우리는 주종관계의 식재료 결합에 의한 음식문화를 형성하고 있으며, 확장된 시공간의 영역에서 대등한 결합에 의한 순환체계가 아닌 독점적 주체와 대상에 의한 거시화 된 순환체계의 먹을거리 문화를 형성하고 있다. 아이러니하게도 먹을거리의 양적 팽창은 인류에 절대 절명의 위기를 가져다주고 있다. 이 지점에서 먹을거리 순환체계의 전통을 재인식하는 것은 현재의 위기를 해결하기 위한 모색의 발로이다.

제3장 우영의 전통을 살펴보는 것도 그런 맥락에서이다.

강동식 외, 2009, 『일제강점기 제주지방 행정사』, 제주발전연구원.
강수경, 2011, 『제주지역 돼지고기 음식문화의 전통과 변화』, 제주대 한국학 석사논문.
강인희, 1984, 『한국의 식생활 풍속』, 삼영사.
고양숙, 1988, 「제주도의 지역별, 계절별 식품영양섭취 실태에 관한 조사 연구」, 제주대학교 『제주대 논문집-자연과학편』제26집.
─── , 2003, 「제주지역 장수노인의 식생활 특성」, 제주도연구회, 『제주도연구회』 제23집.
고재환, 2001, 『제주속담총론』, 민속원.
곽지리, 2002, 『곽지리』마을지.
김순이, 1998, 「제주도의 식생활언어 지역별 조사」, 제주도의회, 『제주도의회』 제11호.
김종덕, 1995, 「미국의 대외정책에서 식량의 정치적 이용」, 한국산업사회학회, 『경제와 사회』28권.
─── , 1997, 『원조의 정치경제학』, 경남대학교 출판부.
─── , 2001, 「한국의 식품안전문제와 비정부기구(NGO)의 대응방향」, 한국농촌사회학회, 『농촌사회』11집 2호..
─── , 2003, 「WTO의 농업구조화: 문제점과 대안」, 한국농촌사회학회, 『농촌사회』13권 1집.
─── , 2005, 「미국의 먹거리 비방법연구」, 한국농촌사회학회, 『농촌사회』 15집 2호.
─── , 2007, 「지역식량체계 농업회생방안과 과제」, 한국농촌사회학회, 『농촌사회』17집 1호.
─── , 2008, 「우리나라 로컬푸드 정책의 방향」, 지역사회학, 『지역사회학』제9권 제2호.
김창민, 1995, 『환금작물과 제주농민문화』, 집문당.
김철규, 2006, 「한국농업체제의 위기와 세계화: 거시 역사적 접근」, 한국농촌사회학회, 『농촌사회』 16집 2호.
─── , 2008a, 「기업식품체계와 먹거리 주권」, 2008년 한국환경사회학회 추계학술대회, 『먹을거리의 환경사회학』.
─── , 2008b, 「한국의 농업위기와 대안농업: 팔당생명살림을 중심으로」, 한국농촌사회학회, 『농촌사회』 18집 1호.
김홍주, 2004, 「슬로푸드운동과 대안식품체계의 모색」, 한국농촌사회학회, 『농촌사회』14집 1호.
─── , 2006, 「생협 생산자의 존재 형태와 대안농산물체계와 모색-두레 생협 생산자회를 중심으로」, 한국농촌사회학회, 『농촌사회』 제16집 1호.
─── , 2008, 「생협운동과 지역먹거리체계: 풀무생협사례 연구」, 2008년 한국환경사회학회 추계학술대회, 『먹을거리의 환경사회학』.
농촌진흥청 농업과학기술원 농촌자원개발연구소, 2006, 「제주도 편」, 『한국의 전통향토음식』 10.
색달리, 1996, 『색달리』.

송인주, 1999, 『1960~1970년대 국민식생활에 대한 국가개입의 양상과 특집: 혼분식 장려운동을 중심으로』, 서울대 대학원.
식생활개선 범국민운동본부, 1989~1994, 『식생활』.
엘리너 오스트롬, 윤홍근 역, 2000, 『공유지의 비극을 넘어』, 랜덤하우스.
오영주, 1999, 「제주향토음식 문화와 관광상품화 방안」, 제주학회, 『제주인의 생활문화와 환경(발표문)』.
온평리, 1991, 『온평리지』.
월든벨로, 김정현 역, 2008, 「만들어진 식량위기」, 『녹색평론』 통권 101호, 녹색평론사.
윤병선, 2004, 「초국적 농식품 복합체의 농업지배에 관한 고찰」, 한국농촌사회학회, 『농촌사회』 14집 1호.
———, 2007, 「일본 지산지소운동의 현황과 과제」, 한국 농촌사회학회, 『정기하계학술대회자료집』.
———, 2008a, 「로컬푸드 관점에서 본 농산가공산업의 활성화 방안」, 『산업경제연구』, 제21권 2호, 한국산업경제학회.
———, 2008b, 「세계적 식량위기의 원인과 식량주권」, 녹색평론사, 『녹색평론』 통권 100호.
———, 2008c, 「식품체계에서 로컬푸드 운동의 의의」, 2008년 한국환경사회학회 추계학술대회, 『먹을거리의 환경사회학』.
———, 2008d, 「식량주권 회복의 길」, 녹색평론사, 『녹색평론』 통권 101호(7-8월호).
윤서석, 1993, 『한국요리』, 수학사.
———, 1999, 『우리나라 식생활문화의 역사』, 신광출판사.
이영배, 1994, 「제주도 식생활조사 개요」, 『제주도민속자연사 박물관』 제9집, 제주도민속자연사박물관.
이효지, 1998, 『한국의 음식문화』, 신광출판사.
———, 2005, 『한국 음식의 맛과 멋』, 신광출판사.
일과리, 1992, 『일과리』.
제주도, 1996, 「의생활, 식생활, 주생활」, 『제주의 민속』 IV.
———, 2009, 『제주어사전』.
제주신문 1963년 11월 13일자 광고
제주신문 1963년 12월 5일자 광고
제주신문 1963년 7월 5일자 기사
제주신문 1964년 3월 3일자 광고
주영하, 2005, 「제주도 음식의 문화콘텐츠화에 대한 일고」, 제주대 탐라문화연구소, 『탐라문화』 제26호.

──, 2011, 「제주 음식문화 연구의 성과와 과제」, 제주학회 제36차 전국학술대회, 『제주학 연구의 성과와 과제』.
진관훈, 2004, 「일제하 제주도 경제와 해녀노동에 관한 연구」, 『정신문화연구』, 2004년 봄호.
진성기, 2010, 『제주의 세시풍속』, 디딤돌.
평대리, 1990, 『평대리지』.
한 억, 1996, 『전통음식의 현대적 인식과 재창조』, 서울대 대학원 인류학 석사논문.
허남춘, 2005, 「제주 전통음식의 사회문화적 의미」, 제주대 탐라문화연구소, 『탐라문화』제26호.
현혜경, 2010, 「제주지역 생협조합원들의 로컬푸드(local food)에 대한 인식과 실천」, 제주대학교 탐라문화연구소, 『탐라문화』제36호.
──, 2011, 「제주지역 '우영'의 전통과 현재적 지평에 대한 연구」, 제주대학교 탐라문화연구소, 『탐라문화』제39호.
홍양자, 1993, 「제주지역 식생활 형태에 관한 연구」, 제주대학교, 『제주대학교 논문집-자연과학편』 제37집.
황혜성, 1986, 『향토음식, 의례음식』, 계몽사.
泉靖一, 1965(1999), 『제주도』, 제주우당도서관
Halweil, B., 2004, Eat Here.(김종덕 외(2006), 『로컬푸드: 먹거리-농업, 환경, 공존의 미학』, 시울.)
Lappe, F. M., World Hunger: twelve myths.(허남혁(2003), 『굶주리는 세계: 식량에 관한 열두 가지 신화』, 창비.)
Shiva, V., 허남혁 역, 2000, 『자연과 지식의 약탈자들』, 당대.
Singer, P& Mason, J., The Ethics of What We eat(함규진(2008), 『죽음의 밥상』, 산책자.)
Singer, P, 1975), Animal Liberation.(김성한(1999), 『동물해방』, 인간사랑.)
Solbrig, Otto T. & Dorothy J. Solbrig, 1994, So Shall You Reap: Farming and Crops in Human Affairs, Washington D.C. Island Press.
Welsh, R, 1997, "Reoranizing U.S. Agriculture", Policy Studies Report No 7. Greenbelt, Maryland: Henry A. Wallace Institute for Alternative Agriculture.

제주 먹을거리
풍경

chapter 3
제주지역 '우영'의 전통과 현재적 지평

*제주대학교, 「탐라문화」 제39호(2010)에 실린 글을 수정하여 실음.

들어가며 /

'우영'의 생산체계와 특징 /

'우영'의 소비체계와 특징 /

'우영'의 전통에 대한 재해석 /

나오며 /

들어가며

문제인식

인류의 발전은 먹는 행위로부터 시작되었다. 먹을거리를 얻지 못한다는 것은 인류 멸망을 의미하였기 때문에 먹을거리를 확보하는 것은 인류 생존 및 인류발전의 가장 근본적인 투쟁 요소가 될 수밖에 없었다. 따라서 예로부터 먹을거리를 안정적으로 확보하려는 노력은 질 좋은 토지와 노동력을 다량 확보하는 것뿐만 아니라, 그것을 유지시키기 위한 합리적인 체계를 창출하고자 하는 역사적 궤적을 가지고 있다. 고대 사회 이후 많은 국가들이 경작지를 구분 짓고 농작물과 농법을 정리하고, 노동력을 증가시킬 수 있는 각종 사회조직들을 형성시킨 이면에는 제한된 식량자원에서 안정적인 식량자급체계를 형성하고, 그것을 토대로 한 조세구조를 통해 사회를 안정화시키고 발전시키려는 전략이 기본적으로 깔려 있었다. 역으로 불안정한 식량체계는 사회의 존속을 위협하는 가장 근본적인 위험 요소가 되었기에 인류는 식량자급체계의 안정화를 꾀하려고 부단히 노력하여 왔다.

안정된 식량자급체계 형성의 중요한 전제조건은 제한된 식량자원 안에서 식량의 생태적 순환체계를 형성하는 것이었다. 생태적 순환체계는 식량자원의 종에 따라 종별 순환체계를 만들어냈고 다시 다른 종의 식량자원과 결합을 통해 또 다른 순환체계를 만들어내면서 한 공동체의 복잡하고 다층적인 식량자급체계를 형성해 나갔다. 마치 여러 개의 다양한 기계가 톱니바퀴처럼 얽혀 돌아가는 것처럼 순환체계는 다층적으로 형성

84 제주 덕을개리 풍경

되었는데, 식량자원이 제한적인 공동체일수록 식량 자급을 위한 순환체계는 더욱더 다층화 되는 것을 볼 수 있다.

　한국사회에서도 고대부터 생태적인 식량자급체계를 구축하기 위한 노력이 지속되어왔다. 일찍이 수도작 지역은 벼농사에 적합한 촌락구조를 형성시켰으며, 보와 관개시설을 정비하고, 경작지의 성격과 농법, 종자 등을 정리하여 식량자원의 순환체계를 형성하는데 노력을 아끼지 않았다. 또한 이러한 순환체계를 가동할 수 있는 동력의 지속적 공급을 위해 각종 노동력 풀(pool)을 다양하게 가동시켰는데, 두레, 울력, 품앗이 같은 형태의 공동체 조직이 발생하였다. 제한된 농토에서 생산성을 높이기 위한 노동력의 공유는 신앙적·윤리적 체계까지 가세해, 계, 향약, 각종 민속놀이와 풍요기원 제사 등과 같은 문화적 근간을 통해 더욱 공고히 하는 시스템을 이루게 되었다.

　상대적으로 벼농사지대만큼 곡류를 통해 안정적으로 식량자원을 공급받기 어려웠던 지역은 다양한 식량자원들을 동원하여 매우 다층적인 차원의 순환체계를 만들어냈으며, 그것을 통해 안정적인 식량자급체계를 형성하려고 노력하였다. 이 과정에서 그 지역 혹은 공동체만의 독특한 식량자급체계가 형성되기도 하였다. 한국에서는 제주지역이 그러하다. 제주는 토지가 척박하고 경작 가능한 토지가 협소해서 수도작 지역보다 안정적인 식량자급체계를 갖기 어려웠다. 제주지역의 토지는 다공질 분석과 용암으로 이루어져 있는 화산회토로 물이 고이지 않고 토심이 얕아 거의 밭농사 위주였으며, 게다가 관립목장이 상당부분 경영되면서 농경지는 30%를 밑돌았다.

　1970년대 통계연보를 보면 그때까지도 제주도 총 면적 1,820km² 중 농지면적은 505.68km²이고, 그 중 밭은 496.01km², 논은 9.67km²였다(제주도, 1976). 밭 경작이 전체 면적 중 98%를 차지하였는데, 주된 재배 작물은 겉보리, 조, 메밀, 콩, 팥, 기장 등과 같은 곡식류였다. 현용준(2002)은 1970년대 이전까지 제주 농업에서 주된 작목은 조와 보리였으며, 식생활에 있어서도 조와 보리 등이 섞인 잡곡밥 등이 주식이었다고 이야기한다. 때문에 제주 사람들은 늘 식량부족에 대한 두려움을 가지고 있었다. 특히 종종 불어 닥치는 태풍 등의 자연재해는 제주지역 사람들의 식량 상황을 더욱 어렵게 하였기 때문에, 이런 상황에서 버티어낼 수 있도록 여러 먹을거리가 혼합된 잡다한 종류의 구황 음식류가 발달하였다.

오영주(1999)에 의하면 제주의 음식품목수가 다양하여 제주는 450여종, 전주는 285종, 오끼나와는 150종이라고 이야기 한 바 있다.[1] 이런 음식 품목수의 다양성은 제주 사람들의 식량 위기에서 살아남기 위한 일련의 자구책이었다. 무엇보다 섬사람들이 부족한 먹을거리를 안정적으로 확보하는 문제는 각종 질병으로부터 섬사람들의 생존을 보호하는 중요한 일이었다. 따라서 부계, 처계, 모계 등을 다양하게 동원할 수 있는 복잡하고 다층적인 노동력 풀을 형성하였을 뿐만 아니라, 제한된 영토에서 생산성을 높이기 위하여 다양한 먹을거리가 결합된 순환체계를 형성하여왔다. 그런 점에서 제주지역의 '우영'은 주목해보아야 할 대상이다.

'우영'은 제주사람들이 채소를 재배하는 공간으로, 제주지역 주민들에게 채소류와 양념류의 부식을 연중 공급하는 공간이었으나, '우영'을 단지 채소를 공급받는 공간에 불과한 것으로만 해석하는 것은 너무 제한적이다. '우영'은 주 식량자원인 곡류가 절대적으로 부족한 제주지역 상황에서 바다의 해초류와 더불어 연중 곡류 및 어류 등의 식량자원과 유기적으로 결합하면서 제주사람들의 부족한 식량을 채우고, 생태적인 식량자

---

[1] 허남춘(2005)이 통계 수치에 대해 상위분류와 하위분류를 명확히 하지 않은 채 대비를 시도한 측면도 있고, 두 식품의 짝짓기에 의해 이루어진 식품을 한 단위로 인정하여 제주의 식품수가 부풀려져 있다는 의혹도 있지만, 제주의 척박한 환경 속에서 생존을 위한 다양한 음식류가 개발되었음을 반증하는 자료라고 말한다.

급체계를 형성할 수 있도록 한 토대였다. 때문에 채소작물의 지속적인 공급을 위하여 독자적인 '우영'의 순환체계를 형성하여 왔으며, 이러한 '우영'의 순환체계를 통해 지원되는 채소는 다른 순환체계의 식량자원들과 결합하면서 제주지역 식량자급의 순환체계를 독자적으로 형성하여 왔다. 이는 제주지역 식량자급체계의 안정화에 기여했을 뿐만 아니라, 사회안전망으로서의 역할도 하였다.

그러나 일제 식민지 농업과 어업정책 하에서 환금작물에 대한 인식이 확산되고, 해방 이후에도 농업에서 환금작물이 차지하는 비중이 커져나가면서 전통적인 생태 농업체계의 붕괴와 급속한 사회변동으로 전통적인 식량자급체계도 변화를 맞이하면서 '우영'도 소멸 일로에 놓이게 되었다. 『제주의 민속』5권(1998: 586~594)에 따르면 1910년에서 1930년대까지 어업에 의한 획득물이 환금작물로 인식되면서 중산간 마을 주민들이 해안으로 이동하는 변화가 있었는가 하면, 1935년 이후 주정공장 및 전분공장이 제주 전역에 들어서면서 고구마 재배면적이 확대되었다.

해방 후 1960년대 중반까지도 고구마, 유채, 맥주 보리가 경제 작물로 부상하였고, 1970년대부터는 감귤농업이 본격화 되었다. 그 외에도 양식 산업, 아열대 식물산업, 목축업과 낙농업 등 상업적 농업이 제주의 주종 산업을 이루면서 식량자원의 생태적 자급체계는 완전히 자본주의의 상품산업에 의해 무너져 갔다. 그 과정에서 고구마가 보조 식품으로 전환되고, 감귤이 주된 기호식품으로, 넙치를 비롯한 양식어류를 기반으로 한 생선회가 보편화되고, 흑우와 흑돼지를 일상에도 많이 먹게 되는 먹을거리의 변화와 함께 식량자원의 생태적 체계가 붕괴되고 점차 의존적으로 거시 자본주의 경제에 편입되어 갔다(허남춘, 2005). 비단 그것은 제주만의 일은 아니었다.

한국의 많은 지역 먹을거리들이 세계 경제 논리에 편입되면서, 독자적인 식량자급체계를 상실하였고, 작금의 먹을거리 위기에 직면해, 전통적인 생태 농업 방식과 자급체계

에서 그 해결책을 모색하고자 노력하고 있다. 전 세계적으로 불고 있는 먹을거리에 대한 전통방식의 향수와 도시농업의 전개는 우리 앞에 놓여 있는 먹을거리 위기가 결코 가볍지 않다는 것을 말해주고 있다. 그런 점에서 이 장은 전통적인 식량자급체계의 일부를 담당하여왔던 제주의 '우영'에 주목하는 것이다. '우영'은 현대 사회에 노출된 먹을거리에 대한 우리의 위기의식을 헤쳐 나갈 수 있는 오래된 전통이 될 수 있다고 여기기 때문이다.

따라서 이 글의 문제의식은 크게 두 가지를 함유하고 있다. 첫째는 우리가 잃어가고 있는 '우영'의 순환체계와 특징을 통해 제주지역 사람들의 독자적인 식량자급체계의 전통이 어떻게 형성되어왔는가 그 일부를 살펴보는 것이고, 둘째는 이 '우영'의 순환체계가 현대 사회에 시사하는 가치들이다. 최근에 불고 있는 도시농업에서 '우영'의 전통이 현대적으로 재해석되고 확장되어 가는 사회적 지평들을 살펴보는 것이다.

이론적 자원들

먹을거리에 대한 인문사회과학 분야의 연구는 기본적으로 마빈 해리스(Harris, M., 1985: 1987)식의 유물론적 입장과 레비 스트로우스(Levi-Strauss, 1968)식의 문화적 입장이 큰 줄기를 이루며, 서로 대립하거나 혹은 적절히 조화를 이루는 연구들로 최근까지 이어지고 있다. 주목할 만한 것은 최근의 먹을거리 연구는 기본적으로 먹을거리에 대한 상품화 및 초국적 기업화로 인한 여러 가지 먹을거리 위기의식 위에서 이루어지고 있다는 점이다. 먹을거리에 대한 기존 자연과학분야의 연구와 더불어 인문사회과학분야로 확산되고 있는 것도 이런 위기의식을 반영하고 있다. 먹을거리에 대한 최근 인문사회과학 연구는 2000년대 오면서 매우 활발해지고 있으며, 먹을거리 위기를 출발점으로 크게 세 가지 방향성을 보이며 세분화되고 있다.

첫 번째 방향은 현재 사회적으로 대두되고 있는 먹을거리에 대한 위기 문제들과 그 문제를 발생시키고 있는 배경에 주목하여 먹을거리의 상품화 및 기업화 과정, 더 나아가 세계화 및 초국적 기업의 농식품 산업 장악에 대한 현황과 문제를 분석하고 있다. 이 과정에서 세계가 앓고 있는 먹을거리 안전성 문제와 분배 문제 등이 거론된다.[2]

---

[2] 싱어와 메이슨(Singer, 1999: Singer&Mason, 2008) 등은 현재 농식품 복합체가 가져다 준 '죽음의 밥상'에 주목하였으며, 라페(Lappe, 2003)는 식량에 관한 열두 가지 신화를 통해 세계의 굶주림에 대해 분석하였다. 이 모든 것을 두고 웰든(Walden, 2008)은 현재의 위기를 '만들어진 식량위기'로 표현한 바 있다. 국내에서는 김종덕(1995: 1997: 2003: 2008), 박민선(2001: 2008), 윤병선(2004), 김철규(2006) 등이 이것에 대한 연구를 진행하고 있다.

두 번째 방향은 먹을거리에 대한 사회운동에 주목한 연구들이다. 이들은 세계화 및 초국적 농식품복합체의 세계적 먹을거리 장악으로 인한 저항이 어떻게 시민사회에서 확산되고 있는지 살펴보는 연구들로 이루어져 있는데, 유기농업, 생태공동체운동, 생활협동조합운동, 식량주권운동, 지역공동체 복원운동, 공동체 지원농업, 환경운동, 에너지 운동 등 다양하게 뻗어나가는 운동의 양상을 분석하고 있다.[3]

먹을거리에 대한 연구의 세 번째 방향은 민속학 등에서 오랫동안 자료수집과 연구를 토대로 전통 먹을거리에 대한 가치 탐구와 문화 회생 연구 등이다. 세 번째 방향의 연구는 주로 민속학, 인류학에서 이루어져왔으나, 최근에는 사회학, 국문학, 역사학 등에 이르기까지 확대되고 있는 추세에 있다. 인문사회과학 분야에서는 역사적으로 형성되어온 한 사회의 음식문화가 갖는 사회문화적 의미와 정체성에 대한 연구를 비롯해, 음식문화가 생산되고 소비되는 정치, 사회, 경제, 문화적 경로를 밝히려는 움직임이 나타나고 있다.[4] 이들은 전통적인 음식문화에 관심을 가지면서 그것이 생산되고 소비되는 경로를 파악하고, 사회문화적 의미를 밝혀내고자 한다. 나아가 현대 사회의 먹을거리 문화가 생산 소비되는 경로에도 주목하여 그것이 한 사회에서 자리 잡아 나가는 과정 등을 밝히고 있다.

이런 세 방향의 연구는 WTO체제 아래서 초국적 농식품 복합체의 탄생과 그로 인한 먹을거리 위기에서 출발하는 공통점을 가지고 있으며, 또한 궁극적으로 현 세계가 직면한 세계적 위기의 탈출로 탈근대, 탈자본의 집중화 등을 요구하는 방향으로 나아가

---

[3] 핼웨일(Halweil, 2004), 샤프(Sharp, 2002), 아이프(Ife, 2002), 웰시(Welsh, 1997), 시바(Shiva, 2000), 바슬라프(2008), 김홍주(2004: 2006: 2008), 허미영(2006), 김종덕(2001: 2005: 2007), 김철규(2008a: 2008b), 박덕병(2005), 윤병선(2007: 2008a: 2008b: 2008c: 2008d), 윤형근(2009), 황달기(2004), 강양구(2007), 이유진(2008), 정혜진(2008) 등의 연구가 활발하다.

[4] 대표적으로 마빈 해리슨(Harris, M., 1985: 1987)의 연구를 비롯해 국내에서는 김광억(1994), 한경구(1994), 황익주(1994), 주영하(2005), 허남춘(2005), 함한희(2008), 박병삼(2004) 등의 연구가 있다.

고 있다는 것이다. 이 글은 분석을 위해 두 번째 및 세 번째의 이론적 자원들에 그 토대를 두고 있다. 이 글이 '우영'의 순환체계 등 일련의 전통적인 체계에 관심을 두고 출발하는 것은 기본적으로 먹을거리에 대한 현재적 위기를 어떻게 풀어갈 것인가라는 실천적 과제와 더불어 '우영'을 통해 밝혀낼 수 있는 사회문화적 가치를 밝혀 현재 나타나고 있는 먹을거리 문제에 대한 오래된 미래를 보여주고자 함이다.

'우영'의 정의와 연구방법

'우영'은 작은 텃밭을 일컫는 제주지역의 방언으로, 지역에 따라 도루갱이, 우영-팟, 우연, 우연-팟, 우연네, 위연, 우잣, 우잣듸 등으로 다양하게 불리고 있다.[5] 『제주어사전(2009)』에서는 방언형이 많을 경우 대표형을 두고 있는데, 텃밭과 관련된 많은 방언들의 대표격을 '우영'으로 보고 있다. 따라서 이 글에서는 대표 격인 '우영'으로 통칭하고자 한다.『제주어사전(2009: 691~692)』에서 '우영'은 "울타리 안에 있는 터앝, 채소 따위를 갈아 먹는 공지(空地)로 표현하고 있다. 그리고 그 안에서 재배되는 작물을 일컬어 '키'라고 하는데, '키'는 채소작물을 의미하는 제주지역의 방언이다.[6]

---

[5] '우영'의 시작과 기원에 대해서는 정확히 알 수 없다. 그러나 제주의 전통적인 가옥구조에서는 '우영'의 존재가 명확히 보이는 것으로 보아, '우영'의 기원은 제주의 가옥 구조와 연관되어 있을 것으로 보인다.

[6] 『제주어 사전(2009)』에 따르면 조천, 노형, 조수 이닝, 서홍, 세화, 명월 등 제주의 북쪽에서는 우연, 우연-팟, 우영-팟, 위연 등으로 부르고 있으며, 어도, 조수 등 서북쪽에서는 우영-팟, 태홍, 표선, 수산, 가시 등 동남쪽 지역에서는 우연, 그리고 제주 전역에서는 우연-팟, 혹은 한 집안의 울타리의 안쪽을 뜻하는 우잣으로 부르고 있다. 숭키는 『제주어사전(2009: 560)』에서 푸성, 국도 끓이고 쌈도 싸먹는 온갖 나물로 정의되어 있으며, 제주도 전역에서 숭키, 푸성-거리, 푸숭키, 풀숭키라고 부르고 있다. 이외 본 논문에서 사용되는 제주방언들은 그 대표형이 사용되고 있다.

제주지역에서는 농작물의 적재적소 재배와 관련된 속담이 있는데, "우영팟된(딘) 눔뻬 갈곡, 헤벤밧된(딘) 보리 갈곡, 드룻밧된(딘) 산뒤 갈라"는 말이 있다. 즉 텃밭에는 무를 갈고 해변 밭에는 보리(를) 갈고, 들밭에는 산벼(산도)를 갈라는 뜻이다. 이는 손쉽게 재배하고, 섭취할 수 있는 무는 텃밭에 심고, 보리의 경우는 저지대인 해변가에 있는 밭에 갈아야 해초를 거름으로 사용할 수 있어서 풍작을 이루어낼 수가 있다는 것이다. 반면 밭벼인 산벼는 높은 지대인 산야에 있는 밭에 갈아야 가뭄에 견딜 수 있고, 보리농사처럼 노동력을 덜 들여도 수확할 수 있다는 점에서 이 속담은 농작물별로 그 재배의 적재적소 농토를 일컫는 말이자, 여러 식량자원들의 결합과 순환체계의 형성을 염두에 두어 볼 만한 속담이다.

최소한 채소작물이 환금작물이 되어 대규모 농토를 필요로 하면서 밭작물로 전환되기 이전까지 '우영'은 제주 사람들이 채소작물을 재배하는 아주 중요한 공간이 되었다. '우영'은 집 울타리 안에 있을 수도 있고 울타리 밖에 있을 수도 있는데, 집에서 아주 가까운 곳에 위치한다. 주로 가옥을 중심으로 전후 사방으로 펼쳐져 있는데, 대개 가옥규모, 가족 수, 연중 채소소비량 등을 감안하여 '우영'의 규모가 정해졌던 것으로 보인다. 그러나 이것이 획일적이라고 말할 수는 없다. '우영'의 형태는 매우 다양해서 형태에 대해 논하기 위해서는 제주지역에 존재하는 '우영'의 형태를 전수는 아니더라도 어느 정도 조사한 다음 그 형태의 분류를 시도한 연구가 필요하다. 하지만 현재 '우영'이 많이 사라지고 있는 상황 속에서 그런 분류를 먼저 시도하는 것은 쉽지가 않다.

때문에 이 글에서는 우선 '우영'의 순환체계에 대한 연구 토대를 마련하기 위하여 사례수집이 여의치 않은 상황 속에서 30년 이상 '우영'을 경작해온 '우영' 경작자와의 면담과 관찰 등의 현지조사를 통해 개괄적인 수준에서 '우영'의 순환체계 등을 살펴보고자 하였다. 그리고 이러한 '우영'의 순환체계를 비롯한 '우영'의 전통이 현재 사회적으로 어

마당 옆 '우영'

떻게 재해석되어 가고 있는지를 문헌연구(논문, 단행본, 인터넷 상의 자료)와 현지조사, 관련자 면담 등을 통해 살펴보고 있다.

대상지역과 면담자

'우영'의 순환체계를 파악하기 위하여 선정한 면담자는 표선리 동하동 해촌마을에 거주하고 있는 부부(이하 면담자)이다. 면담자의 '우영' 경작지를 연구대상으로 삼은 것은 그들이 살고 있는 표선리 동하동 해촌마을은 근대화과정, 환금작물의 도입, 고령농촌사회로의 진입, 전통적 주거형태의 변동, 관광단지화 등 현 제주사회가 직면한 변동을 집약적으로 보여주면서도 전통사회의 성격이 남아있어, '우영'의 현재적 상황을 살펴보는데 유용할 것으로 보였기 때문이다. 〈그림 1〉에 보이는 큰 원 안은 면담자가 속해 있는 공동체로, 20여 가구가 하나의 소공동체를 이루며 살아온 전통적인 마을이다. '우영'만을 놓고 보면, 대부분의 가구에서 '우영'을 경영해왔으나, 현재는 소멸과 변동의 선상에 놓여 있다. 2010년 기준으로 〈그림 1〉에서 실선으로 표시된 곳은 여전히 '우영'을 경작하고 있는 곳들이지만, 점선은 변동과 소멸 선상에 놓여 있는 곳들이다.[7]

---

[7] 변동의 시작은 근대화 과정 속에서 1970년대 들어 초가가 정리되고, 슬레이트와 현무암, 시멘트 등을 이용한 재건축이 시작되면서 일어났다. 그러나 기존의 가옥 구조의 틀을 심하게 벗어난 것이 아니어서 '우영'은 여전히 존재하였던 것으로 보인다. 다만 채소작물이 환금작물화 되면서 '우영'의 용도가 가족들의 채소 섭취를 위한 목적만이 아니라, 판매를 목적으로 이용되는 경우들도 나타나기 시작하였다. '우영'의 변화는 1990년대 들어서면서부터 본격화 된 것으로 보이는데, 이 마을에서 환금작물인 감귤작물이 본격적으로 재배되어 수입이 증가하면서 교육과 취업을 위한 가족 구성원의 도시 이주,

〈그림 1〉 연구대상 공동체 내의 '우영' 분포도

* 위 분포도는 다음지도(daum map)의 스카이뷰를 이용하여 표시한 것으로, 32m 상공에서 촬영한 것이다. ▼ 표시는 연구대상 가구이다.

   그로 인한 고령 독거노인의 증가, 신식 건물의 건축 등으로 전통적인 '우영' 체계는 본격적인 소멸 과정에 놓이게 되었다. 〈그림 1〉에서 점선 원으로 표시된 곳은 '우영'이 완전히 소멸된 곳으로, 가족 이주나 가옥의 새로운 건축 등이 원인이었다. 새로운 가옥 건축은 이전과 달리 세를 놓거나 감귤농사를 위한 창고, 상점 등 수익성을 고려하면서 그 규모가 커지고 있는데, 이로 인해 전통적인 '우영'이 완전히 소멸되고 있는 것이다. 물론 신축 가옥의 규모가 이전 가옥의 규모와 같은 경우는 여전히 '우영'이 존재하였다. 〈그림 1〉에서 점선 직선으로 표시된 곳은 그 흔적만 남아 있는 곳으로 자식들의 도시 이주로 홀로 사는 노인들이 생기면서 '우영'의 일부 농사를 포기한 경우이다. 이 전통적인 공동체를 벗어나면 표선리 중심가와 해변을 끼고 조성되고 있는 관광단지와 맞닿게 되는데, 리 중심가는 1980년대 들어 새로운 건물들이 들어서면서 '우영' 경작이 거의 사라졌다. 또한 관광단지 주변으로 새로이 민박시설과 상업시설들이 생겨나고 있지만 주민들이 '우영'을 경작하고 있지는 않다. 다만 이 근동에서는 〈그림 1〉의 화살표로 표시되어 있는 집만이 30년 동안 '우영'을 꾸준히 경작해오고 있었다.

급격한 변동과 소멸과정에서도 전통적인 방식을 통해 '우영'을 경작 해온 면담자는 1940년대에 출생하였으며, 이미 어린 시절부터 부모세대의 전통적인 '우영' 경작을 경험하였고, 혼인과 이주 이후 30년 이상 '우영'을 지속적으로 경작해오고 있었다. 이들의 경작 사례를 통해, 전통적인 '우영'의 순환체계를 살펴보고자 하였다.

'우영'의 순환체계를 살펴보기 위한 틀로써 우선 생산과 소비체계로 나누고 생산체계에서 공간적 위치, 농토이용방법, 재배작물 등을 통해 그 특징을 살펴보고자 하였으며, 소비체계에서는 섭취되고 있는 채소작물을 비롯해, 그에 따른 음식문화의 형성과 자원재활용 등을 통해 그 특징을 살펴보고자 하였다. 현지조사와 면담은 2010년 6월과 2011년 4월에 걸쳐 이루어졌다.

'우영'의 순환체계를 분석하기 위한 사례연구가 부족하다고 볼 지도 모르겠지만, 지역의 민속지 등에 간략 언급된 것을 제외하고는 '우영'에 대한 구체적이고 본격적인 조사가 이제껏 없었다. 있다고 하더라도 '우영'이나 채소작물과 관련하여 언급된 것은 대체로 제주의 따뜻한 기후로 인한 4계절 채소작물 섭취가 가능한 것으로만 평가하고 있다. 그러나 현재의 먹을거리 위기와 '우영'의 전통을 새롭게 재해석한 도시농업운동이 일어나고 있는 상황에서 '우영'에 대한 공동체적 차원의 새로운 접근은 시도해볼 필요가 있다고 여겨진다.

더욱이 사회변동의 변화 속에서 대다수의 '우영'의 변동 및 소멸이 급속히 진행되고 있어서, 우선 전통적인 '우영'경작의 순환체계를 구체적으로 살펴보는 것이 의미가 있다고 여기며, 이를 통해 '우영'에 대한 기초적인 연구체계를 세울 수 있다면, 이후 '우영'에 대한 더 많은 조사를 통해 '우영'의 생산체계와 소비체계 등의 보편적 분류가 가능할 것이며, 현재 사회적으로 주목되어지고 있는 여러 먹을거리운동에 기여할 수 있을 것으로 보인다.

'우영'의 생산체계와 특징

'우영'의 공간적 위치

'우영'을 분석하는 일에서 가장 기본적인 접근은 그것의 공간적 위치에서 출발할 수 있다. '우영'은 '가옥'과의 관계 속에서 대개 그 위치가 정해졌다. 대상지역에서도 '우영'은 모두 가옥을 기준으로 배치된 측면을 가지고 있었다. 그리고 이 가옥과 '우영'을 연결하는 고리는 인간이었다. 때문에 이 두 공간의 관계를 파악하는 일은 '우영'의 자연과학적 역할 뿐만 아니라, 인문사회적 역할과 의미를 파악할 수 있는 가장 근본적인 요소라고 볼 수 있다.

가옥과 '우영' 공간을 통해 인간은 채소작물을 접하게 된다. 공간은 생산의 가장 기본적인 물적 토대가 될 뿐 아니라, 소비의 장소가 되기도 한다. 때문에 인간과 채소작물을 매개해 생산과 소비의 순환체계를 만들어내는 것도 이 두 개의 공간이라고 볼 수 있다. 따라서 두 개의 공간이 어떤 상보적 관계 속에 있는가를 파악하는 일은 '우영'을 분석하는 데 토대가 될 수 있다.

'우영'은 왜 하필이면 가옥을 중심으로 배치되었는가? 그것은 대상지역과 면담자의 가옥 구조를 통해서 어느 정도 파악이 가능하였다. 면담자의 가옥은 마당을 중심으로 별동 배치형을 이루고 있었다. 이는 제주의 전통가옥의 한 형태이기도 하다.[8] 면담자

---

[8] 대개 제주의 전통가옥은 마당을 중심으로 구심적 대칭형과 별동 배치형식을 취하고 있다. 제주지역 주택은 -자형 겹집을 기본으로 하여 분할식으로 평면구성을 하기 때문에 공간을 확대하기 위해서는 새로운 집을 짓는다. 때문에 '안거리', '밖거리', '모커리'라고 불리는 부속건물들이 마당을 중심으로 ㅁ

의 가옥은 전체 면적 100평(330.57m²) 가운데, 26평(85.95m²)을 차지하고 있으며, 마당과 화단을 제외하고는 거의 '우영' 공간으로 볼 수 있었다. 면담자가 현재 살고 있는 집은 전통 초가를 허물고 1970년대에 건축한 집이었지만, 안거리, 밖거리, 챗방, 고팡, 정지 등의 흔적이 남아있는 슬레이트 집이었다.

면담자는 현재의 가옥을 구입해 이주하였는데, '우영'과 마당의 경계는 이주 후 돌담으로 구분지어 놓았다고 한다. 대개 동하동 주민들은 돌로 '우영'의 경계를 지어놓고 있었지만, 그렇지 않은 경우도 있었다. 면담자는 전체 가옥 면적에서 5인 가족이 1년 동안 섭취할 채소의 종목과 소비량을 가늠하여 '우영'의 크기를 결정하였다고 한다.

면담자가 경작하는 '우영'은 〈그림 2〉처럼 가옥을 기준으로 A, B, C, D, E 사방으로 펼쳐져 있었다. D와 E는 가옥 밖에 위치한 '우영'이었다. 현재 E는 반영구적으로 휴경상태이지만, D는 이웃으로부터 양도받아 경작한 '우영'이었다. ⓧ시는 '통시'가 있던 자리 표시이다. 면담자의 집에서도 '통시'를 사용하다가 소멸되었다고 한다. 〈그림 2〉를 통해 보았을 때, '우영'의 공간적 위치가 주로 가옥을 에두르면서 담과 가옥 사이에 존재하거나 집에서 가까운 곳에 위치하는 것을 알 수 있었다.

자로 지어졌다. 주택이 규모를 갖추게 되면 '안거리'와 '밖거리' 또는 부속채인 '모커리'를 포함하여 3채 혹은 4채로 이루어진다. 여기에는 무속신앙과 풍수지리, 태풍을 동반한 강한 바람 등 기후적 요인과 특이한 가족제도 등 문화 지리적 요인이 영향을 주기도 하였겠지만, 먹을거리체계 또한 관여하였다고 볼 수 있다. 제주의 특이한 가족제도와 '우영'경작에 대한 부분은 차후의 연구가 필요하다.

〈그림 2〉 면담자 가족의 '우영' 공간 배분도

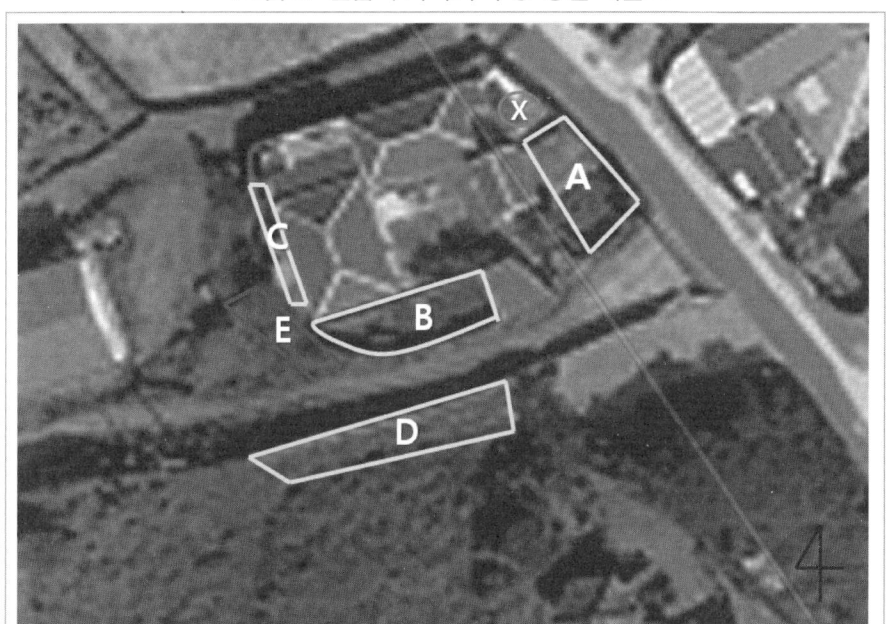

* 위 공간구획도는 다음지도(daum map) 스카이뷰를 이용하여 표시한 것으로, 8m 상공에서 촬영한 것이다.

    면담자가 및 공동체 주민들이 경작하는 '우영'은 가옥의 크기에 비해 상대적으로 큰 편이었는데, 이는 생산 공간이 부족하였던 제주지역의 특성 상 생산 공간을 극대화하려는 한 방편으로 이해되어진다. 그렇다고 단순히 생산 공간을 늘리기 위해 마냥 '우영'의 규모를 정한 것은 아니었다. 생산 공간의 극대화만을 염두에 두었다면 마당 또한 '우영'으로 사용할 수 있었으나, 마당은 주로 곡식이나 해초 등을 널어 말리기 위한 공간으로 이용되었다. 이는 가옥 내 각 공간들이 어떤 체계 하에서 각각의 역할을 부여받고 있으며 그에 따라 크기와 위치가 결정되고 있음을 유추하게 한다.

면담자의 가옥 내 활동반경을 따라가 보았을 때, '우영'에서 생산된 채소작물은 바로 '정지'로 가서 소비체제를 갖추는 것을 볼 수 있다. 면담자의 가옥이 상당부분 개조가 이루어졌다지만, 전통가옥의 요소가 남아있는 만큼 전통가옥과 '우영'의 관계를 먹을거리 차원에서 접근해 본다면, 생산, 유통, 소비의 과정이 한 가옥 안에 구현되도록 구획되어졌다고 유추해볼 수 있다.

제주지역의 전통 가옥에서 먹을거리와 관련된 공간들은 '챗방', '고팡', '정지', '눌굽', '통시', '우영' 등이 있다. '챗방'은 식사를 하는 공간이다. '고팡'은 곡식 등을 저장해 두는 창고이다. '정지'는 취사를 담당하는 부엌이다. '눌굽'은 탈곡하기 전후의 곡식들을 쌓아 놓는 곳으로 주로 집 마당이나 집 근처에 마련되었다. '통시'는 돼지를 기르는 곳으로 음식물 쓰레기는 돼지의 사료로 긴요하게 쓰였다. '우영'은 집 주위를 두르고 있는 채소 텃밭이다. 이것들을 하나의 연결선상에서 놓고 본다면 생산 공간인 '우영'과 유통 공간인 '고팡', 소비 공간인 '정지'와 '챗방'이 이어진다.

물론 채소작물의 경우 '고팡'이 굳이 필요한 것은 아니다. 유통에 따른 소요시간이 필요치 않기에, 채소작물만 놓고 가옥을 본다면 바로 생산에서 소비로 이어지는 구조에 있다. 그리고 이러한 생산과 소비를 연결시켜주는 공간으로서 '통시'가 존재하고 있다. 이는 전경수(1992)의 제주도 '통시' 연구에서도 드러났는데, '통시'는 채소작물에 이용할 수 있는 거름을 생산할 수 있다. 면담자의 경우도 '통시'를 없애기 전까지는 '통시'에서 낸 거름으로 우영의 채소작물에 이용하였다.

결국 제주의 전통가옥의 구조 안에서 채소작물의 생산-(유통)-소비-생산으로 이어지는 하나의 생태적인 순환체계가 형성되고 있음을 알 수 있다. 특히 4계절 모두 채소재배가 가능한 날씨 덕택에 말린 상태로 장기간 보관하기 보다는 소비 직전까지는 '우영'에 그대로 두면서 바로바로 소비할 수 있게 되어 있다. 현재의 주거 형태가 먹을거리 측면에서 본다면 소비에만 그 초점이 맞추어져 있는 반면, 제주의 전통 가옥에서는 채소의 생산-(유통)-소비의 공간이 한 가옥 안에 순환체계를 갖도록 설계되어져 있다고 볼 수 있다. '눌굽-마당-고팡' 등의 공간을 거쳐 저장되는 곡류 등의 식량자원들과 결합하면서 제주지역 사람들의 식량자급체계의 토대를 형성할 수 있도록 하였다.

따라서 '우영'은 생산의 극대화만을 위한 공간이라기보다는 다른 작물들과의 배분과 결합 과정 속에서 적정수준의 채소작물이 생산될 수 있도록 합리적으로 구획된 공간이었다. 또한 제주의 전통가옥은 식량자원의 생태적 순환체계가 형성될 수 있도록 모든 요소가 구획되어 있으며, '우영'은 제주의 전통가옥 안에 구현된 식량자원 순환체계의 한 요소를 담당하였던 축으로 볼 수 있다. 가옥 전체가 생산과 소비가 직거래되는 하나의 먹을거리 시스템을 형성시키는 공간이 되고 있었던 것이다. 이마트나 맥도널드처럼 먹을거리의 생산이나 소비 등 하나의 특정 장르만을 벨트화하여 먹을거리 시스템을 분절화시키는 경향은 찾아볼 수 없다. 그러나 현재의 가옥구조의 변화는 결국 이런 시스템의 붕괴로 이어졌고, '우영'의 소멸과 변동 또한 그런 배경이 하나의 원인이 되어 나타나고 있음을 알 수 있다.

'우영'의 농토이용방법과 재배작물

면담자는 반영구 휴경지인 E구역을 제외하고 4개의 구역에 '우영'을 경작하고 있었는데, 이 4개 구역의 '우영'을 통해 1년 동안 30여종의 채소 작물을 재배하고 있었다. 대부분의 작물들은 30년 동안 거의 동일하게 재배되어 오던 것이었다. 이는 최소한 30년 이전부터 면담자는 '우영'을 통해 채소 작물을 생산해 왔던 것을 알 수 있다. 또한 면담자가 속한 공동체 구성원 대부분이 거의 비슷한 방법을 이용하고 있어서, 대표성을 가질 수도 있다고 판단된다.

'우영'은 한 해 재배작물의 종류와 수량에 따라 그 농토이용방법이 다양하게 변화할 수 있지만, 면담자에 의하면 크게 여름채소작물과 겨울채소작물로 나뉘어 2차례에 걸쳐 파종과 수확이 이루어지고 있다.[9] 대개 겨울작물의 수확이 끝나면 여름작물의 파종이 이루어졌고, 여름작물의 수확이 끝나면 겨울작물의 파종이 이루어지면서 재배작물의 순환체계를 형성하고 있었다. 또한 수시재배가 가능한 작물들은 1년에 3-4번 파종과 수확을 할 수 있었는데, 여름작물과 겨울작물 사이의 간극을 매워주면서 '우영'의 순환체계 속에 편입되어 있었다. 여기에는 파종과 수확 기간이 짧은 배추 같은 작물들이 해당되었는데, 봄·가을 채소작물들도 고려되었다.[10]

면담자의 '우영'을 2010년 6월과 2011년 4월에 조사하였을 때, 농토이용방법과 재배작물을 통해 '우영'의 생산체계 특징을 살펴 볼 수 있었다. 〈그림 3〉에서 〈그림 6〉까지는 면담자가 경작하고 있는 '우영'의 모습을 실측하여 제도한 것으로 여름작물과 겨울작물 간의 순환체계를 살펴볼 수 있는 현장이기도 하였다. 두 차례 현지조사 시기, 면담자가 경작하고 있는 각 '우영'에서 각각의 특징들을 발견할 수 있었는데, 〈그림 3〉의 A구역 '우영'에서는 여름작물과 겨울작물 재배가 확연히 구분되면서 경작되는 반면 〈그림 4〉의 B구역 '우영'에서는 여름작물과 겨울작물이 한 곳에서 파종과 수확을 함께 진행하면서 경작되고 있는 특징을 발견하였다. 또한 〈그림 5〉의 C구역에서는 여름작물이나 겨

[9] 여기서의 여름작물과 겨울작물은 면담자의 인식에 근거한 것이므로, 다른 지역 및 공동체의 계절작물 분류와 다를 수 있다.
[10] 파종과 수확의 횟수, 기간 등은 제주지역 내에서도 차이를 보일 것으로 예상된다. 다만 여기서는 면담자의 경우와 면담자가 속해 있는 공동체의 사례를 통해 그 순환체계를 살펴보는데 주력하고자 하였다.

울작물이 아닌 연중 재배 가능한 작물들을 배치하고 있는 특징을, 〈그림 6〉의 D구역에서는 새로운 '우영'의 순환체계 형성기 특징을 파악할 수 있었다.

우선 〈그림 3〉 A 구역 '우영'의 농토이용방법과 재배작물을 살펴본다면, 2010년 6월 3개로 구획되어 있던 판은 2011년 4월에는 4개의 판으로 구획되어 있었다. 이 '우영'에서는 여름작물과 겨울작물을 뚜렷하게 구분지어 경작하고 있었기 때문이었다. 2010년 6월에는 고구마와 토마토, 깻잎, 호박 등만을 볼 수 있었던 '우영'에는 2011년 4월 말 비슷한 시기에는 대파와 상추, 유채나물 등으로 그 작물이 달라져 있었다. 이 경우 2011년 4월 조사 시에는 겨울작물이 아직도 수확기에 놓여 있었기 때문이었다. 이 겨울작물 수확이 끝나면 여름작물로 대체될 예정인데, 대개 6~8월 사이에 다른 작물들이 파종될 예정이었다.

〈그림 3〉 A 구역 '우영'[11]

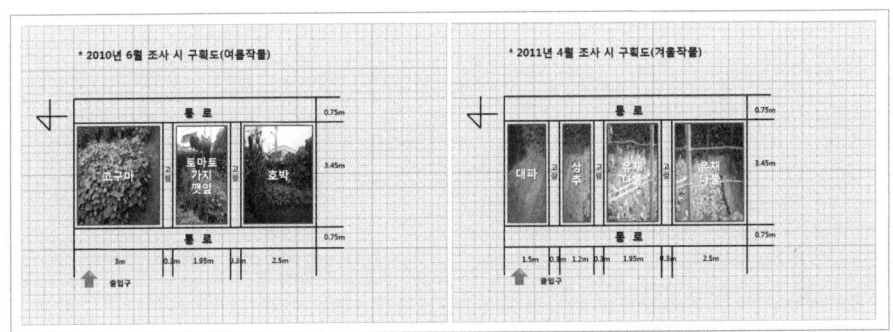

면담자와의 면담을 통해 A 구역의 판 구획과 재배작물에 대한 평균적인 결과를 산출했을 때, 〈표 1〉과 같이 대략 1년 동안 A구역에는 고구마, 유채나물, 토마토, 가지, 깻

[11] A구역의 '우영' 구획도는 필자가 실측하여 실제크기의 1/100로 축소 제도한 것이다.

잎, 고추, 호박, 미나리, 오이 같은 채소 작물들이 심어졌다. 대개 파종과 수확이 비슷한 시기의 작물들을 각 판에 배치하여 그 수확이 끝나는 시기에 다시 파종을 할 수 있는 작목들로 배치하였다. 예를 들면 〈표 1〉에 나타나는 것처럼 정월에 심었던 고구마 모종을 6월에 그 줄기를 잘라 다른 판으로 확장하여 9~10월에 수확한 다음, 그 수확한 자리에는 대파를 파종하여 봄부터 수확하였다. 이와 마찬가지로 3월에 모종으로 심은 토마토와 가지, 씨앗으로 심은 깻잎 등을 6~7월에 수확하고 나서는 그 판에 다시 겨울상추를 파종한 뒤, 1~3월 사이에 수확하였다. 다른 작물들도 이런 순환체계를 가지고 있었다.[12] 대개 〈표 1〉과 같은 수준을 유지하였지만, 매년 판이 똑같이 구획되는 것은 아니며, 순환체계를 조정하는 과정에서 판 구획에 다소 변동이 있기도 하였다.

〈표 1〉 A구역 '우영'의 수확과 파종

작물	1차 시기		2차 시기		
	파종	수확	작물	파종	수확
고구마	정월(모종)~6월(줄기)	9~10월	대파	8~9월(씨앗)	3~5월
토마토	3월(모종)	7월	겨울상추	7~8월(씨앗)	11~3월
가지	3월(모종)	6~7월			
깻잎	3월(씨앗)	6~8월			
고추	3월(모종)	7~8월	쪽파	8월말(씨앗)	2월
오이	3월(씨앗,모종)	7~8월			
호박	3월(씨앗)	8~10월	유채나물/배추	9~10월(씨앗)	1~3월
밭미나리	2월	계속	-	-	-
옥수수	3월(씨앗)		-	-	-

[12] 3월에 고추를 심은 판에는 7~8월에 풋고추, 빨간 고추를 수확하였다. 오이는 3월에 모종이나 씨앗으로 파종하고 여름 한창인 7~8월 사이에 수확하였다. 고추와 오이처럼 여름수확이 빨리 끝난 자리에는 다시 쪽파를 씨앗으로 파종하여 2월에 수확하였다. 호박은 3월에 씨앗으로 심고 8-10월에 수확하

〈그림 4〉 B구역의 '우영'은 여름작물과 겨울작물이 혼용되어 있는 상황이었다. 2011년 4월 조사 당시 A구역이 아직도 겨울작물의 수확기에 있었다면 B구역은 여름작물과 겨울작물이 순환체계를 이루는 현장을 목격할 수 있는 공간이었다. 2010년 6월 조사 당시 B구역 '우영'은 〈그림 2〉처럼 4개의 판으로 나뉘어져 있었는데, 4개의 판에는 옥수수, 호박, 배추, 콩 등이 심어져 있었으나, 2011년 4월 조사 당시에는 상추, 콩, 옥수수, 열무, 배추 등이 심어져 있었다. 이중 겨울 상추 같은 겨울작물을 수확해나가면서 한편으로는 열무와 여름 상추 등 여름작물들을 파종하고 있었던 것이다.

〈그림 4〉 B 구역 '우영'[13]

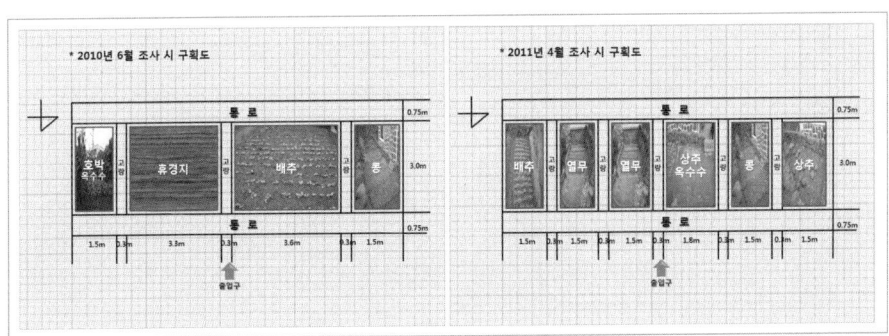

면담자와의 면담을 통해 B구역의 판 구분과 재배작물에 대하여 정리하였더니, 〈표 2〉와

였다. 풋호박은 8월, 늙은 호박으로 먹을 호박은 10월까지 수확하였다. 밭미나리의 경우 2월에 한번 심으면 조금씩 잘라내어 지속적으로 수확하였다. 옥수수는 따로 판을 나누지 않고 담 옆이나 작물과 작물사이 경계에 재배하였다.
[13] B구역 '우영'의 구획도는 필자가 실측하여 실제크기의 1/100로 축소 제도한 것이다.

같았다.[14] 이 경우 A구역처럼 판을 일시에 정리하여 여름작물들이나 겨울작물들을 일시에 파종하는 것이 아니라, 판과 작물들을 하나씩 교체하면서 판을 정리하거나 새롭게 조정해 나가는 것을 볼 수 있었다. 대개 이 경우 파종과 수확의 경우가 다른 작물들에 비해 짧거나 긴 작물들이 혼합되어 있어서 여름작물과 겨울작물이 순환되는 현장을 목격할 수 있었다. 따라서 A 구역에 비해 판의 구획이 종종 바뀌었으나, 대개 3~5개의 사이에서 판 구획이 이루어졌다.

〈표 2〉 B 구역 '우영'의 파종과 수확

	1차 시기		2차 시기		
작물	파종	수확	작물	파종	수확
호박	3월(씨앗)	8~10월	겨울감자	8월(모종)	1~2월
여름감자	2월(모종)	7~8월	시금치	9~10월(씨앗)	11~3월
			마늘	8월(씨앗)	
배추 (봄/여름)	4월(씨앗) 6월(씨앗)	20~30여일 뒤	배추 (가을/겨울)	8월(씨앗) 10월(씨앗)	겨울 내내
			무	8월(씨앗)	겨울 내내
여름상추	동상으로 안하기도. 겨울상추 모종 이용	7~8월	겨울상추	7~8월(씨앗)	11~3월
깻잎	3월(씨앗)	6~8월	갓나물	8월(씨앗)	겨울 내내
콩잎	3월(씨앗) 6월(씨앗)	7~8월 8~9월			
옥수수	3월(씨앗)	7~8월	-	-	-

14 풋호박은 8월부터 늙은 호박은 10월부터 수확하였으며, 늙은 호박 중에서 종자를 구할 호박은 따로 관리하였다. 2010년 조사당시 휴경지였던 판은 2011년 조사 당시 콩과 상추, 옥수수 등을 재배하고 있었으나 이 판에는 주로 감자를 심어 수확하는 것으로 이야기 하였다. 감자는 1년 2번 심었는데, 겨울감자는 8월에 모종으로 파종하고 봄에 획득하였다. 여름감자는 2월에 모종으로 파종하고 7~8월

〈그림 5〉는 가옥 뒷 편의 '우영'이다. 이 '우영'은 판이 따로 나뉘어져 있지 않고, 부추와 토란이 섞여 재배되고 있었다. 부추를 이 공간에 연중 재배하면서 필요에 의해 수확하고 있었다. 토란은 봄에 뿌리로 심어서 가을부터 먹기 시작하였는데, 토란의 일부를 남겨두었다가 다시 이듬해 봄에 파종하였다. C구역의 '우영'에는 연중 섭취할 수 있는 작물들로 배치되어 있는 특징을 보이고 있다.

〈그림 5〉 C 구역 '우영'[15]

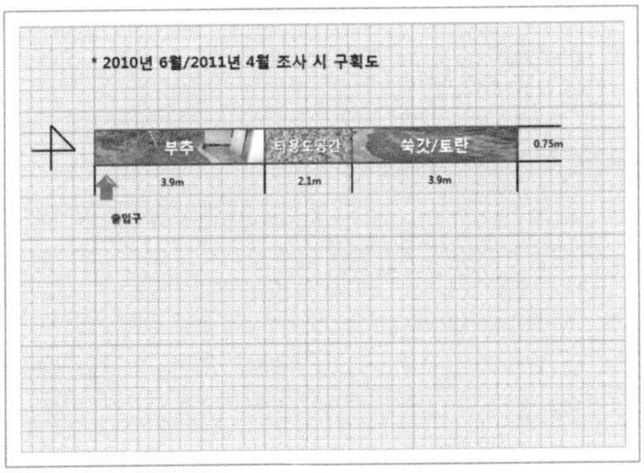

〈표 3〉 C 구역 '우영'의 파종과 수확

1차 시기		
작물	파종	수확
부추	3월(씨앗)	일년 내내
토란	봄(뿌리)	가을
쑥갓	3~5월(씨앗) 8~9월(씨앗)	한달 정도 후부터

에 획득하였다. 여름감자 수확이 끝나는 8월~9월에 시금치와 마늘을 파종하여 겨울과 이듬해 봄까지 수확하였다. 마늘은 손이 많이 가는 재배작물이어서 때에 따라 재배하기도 하고, 재배하지 않기도 하였다. 배추는 1년 동안 재배하고 있었는데, 1년에 3~4번 재배하고 있었다. 봄배추는 배추 씨앗으로 파종 한 뒤, 20여일부터 한 달 뒤부터 수확이 가능하였으며, 기후 덕분으로 1년 동안 지속적으로 공급받을 수 있었다. 무는 8월에 씨앗으로 파종하고 겨울 내내 먹었다. 8월에 파종하는 배추와 무는 겨울 내 김장 김치 등을 만드는 재료로 쓰이기도 하였으며, 혹은 밭에서 겨울 내내 캐면서 수확하고 있었다. 여름상추는 겨울상추의 모종을 갈라 심기도 하였지만, 겨울 내 동상 때문에 안하는 경우도 있었다. 깻잎과 콩잎은 3월에 씨앗으로 파종하고 7~8월에 수확하였으며, 다시 6월에 씨앗으로 파종하여 8~9월까지 수확하였다. 콩 재배가 끝난 자리에는 갓나물을 심었는데, 이 또한 배추, 무 등과 더불어 김치 재료의 중요 재료로 쓰였다. 그 외 옥수수는 따로 구역이 크게 나뉘어져 있기보다는 담벼락과 구역 사이 가장자리 좁은 공간에 3월 씨앗으로 파종하고 7~8월에 수확하였다.

[15] C구역의 '우영' 구획도는 필자가 실측하여 실제크기의 1/100로 축소 제도한 것이다.

D구역의 '우영'은 사람들의 이주와 토지 매매로 인해, 비경작지로 놓여 있는 땅이었으나, 이웃이 '우영'을 일구었다가 가족구성원의 축소로 면담자에게 무상 양도한 '우영'이었다. 양도한 사람은 자식들의 도시 이주 등으로 가족 구성원이 축소되어 더 이상 경작의 필요성을 느끼지 못하여 이웃에게 넘긴 것인데, 제주 농촌사회에서 흔히 일어나고 있는 일들이다. 면담자는 E구역의 '우영' 경작을 접고 대신에 좀 더 규모가 D구역을 경작하기 시작하였다.

〈그림 6〉 D 구역 '우영'[16]

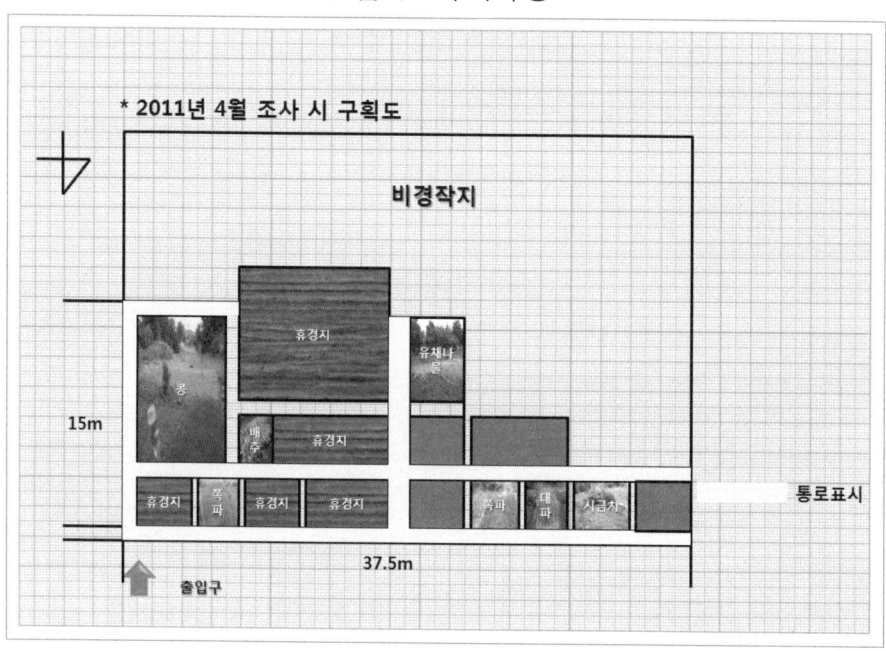

▮ 16 D구역의 '우영' 구획도는 필자가 실측하여 실제크기의 1/400로 축소 제도한 것이다.

〈그림 6〉의 D구역에서 휴경지라고 쓰여 있는 것은 정확히 이야기 하자면 아직 미경작 상태로 볼 수 있다. 반면 비경작지는 잡초만 무성하여 바로 경작 불가한 상태이다. 아직 이곳의 순환체계가 어떻게 형성되어 있는지 완벽히 알 수 없다. 다만 2011년 4월 조사 비경작지와 휴경지가 많았던 데다, 당시 작물로 예측해 본건데. 현재 다수의 작물이 겨울작물의 수확기에 놓여 있는 것처럼 보이며, 여름작물이 몇몇 보이는 것으로 보아, 순환체계 형성기에 놓여 있다고 볼 수 있다.

전체적으로 면담자가 경작하는 '우영'은 대개 봄과 여름 두 차례 정도에 걸쳐 여름작물과 겨울작물의 파종과 수확을 반복할 수 있도록 설계되어져, 1년 동안 꾸준히 채소를 재배할 수 있는 순환체계가 형성되어 있음을 알 수 있다.[17] 면담자의 '우영' 생산체계를 통해 보았을 때, 파종과 수확이 하나의 연결고리를 가지게끔 작목이 배치되어 있어서 휴경지가 별로 없을 뿐만 아니라, 휴경지가 있다고 하더라도 대개 1~2달 정도였다. 그러니 연중 푸른 채소의 생산이 가능하였다. 특히 생산에서 주목할 만한 것은 수확을 일시에 전부 하지 않고, 조금씩 하면서 생산 한다는 것이다. 따라서 채소 작물의 생산과 유통에 걸리는 시간은 대개 두 석 달에 걸쳐 이루어졌다. 이는 자본주의의 일시적 생산과 원거리 유통과는 달리 근거리 유통과 필요에 의한 지속적인 생산방식을 취함으로써 그 순환체계를 유지하고 있음을 볼 수 있다.

한편, 화단을 이용한 과수 작물들도 재배하고 있었는데, 면담자의 이사 당시에는 무화과 열매 나무만이 있었다고 한다. 이후 포도(칠레산, 1980년대)나무를 심어 과수나무를 추가하고 그 후에는 금귤, 하귤나무, 그 다음에는 감나무 등을 추가로 재배하고 있었다.[18]

---

[17] 대개 봄의 파종은 영등신 송별굿이 끝난 다음 행해졌는데, 이는 아직도 생활에서 영등신은 농업행위과정에서 중요한 신으로 여겨져 '우영' 재배과정에서도 나타났다.
[18] 감은 풋감을 이용해 옷감에 감물을 들이는데 사용하였고, 하귤은 감기에 차로 이용하였다. 포도는 여름철 음료수와 쨈 등 저장용으로 이용하였다.

이들은 모두 다년생 과수작물로서 또다른 보충적인 식량자원이 되고 있었다. 이렇게 본다면 면담자의 가옥은 1년 내내 신선한 채소와 과일로 가득 찬 식자재 창고였다. 생산과 소비가 분리되지 않고 가옥 구조 안에서 순환체계를 형성하면서 끊임없이 안전하고 신선한 먹을거리를 가족구성원들에게 제공하였던 것이다.

류정아(1996: 181)는 과거시대로 올라갈수록 음식의 생산부분에 더 큰 비중이 놓이는 반면, 현대사회로 올수록 음식의 생산보다는 소비측면이 점점 더 중요한 부분을 차지하게 되었다고 이야기하였다. 현재 뚜렷이 부각되고 있는 음식 소비단계에서는 음식의 소비를 통한 집단 정체성이나 차별화의 표현 등이 음식문화와 연결된 주요인자로 등장하게 되었다. 누가 무엇을 어떻게 생산하였느냐 보다는 누구와 어디서 무엇을 먹었느냐가 매우 중요한 음식문화 형성의 인자가 되었다는 것이다. 따라서 먹을거리 생산에 대한 관심이 멀어지는 만큼 먹을거리 위험성이 증가하였던 것이다.

현재 유통과 소비행위가 강조되는 먹을거리문화에서 전통적인 '우영'의 먹을거리 생산과 소비는 분명 생산행위가 강조되는 맥락을 보여준다. 이는 김종덕(2001)이 언급했던 것처럼 복잡해진 식품안전 문제를 단순화시킬 수 있는 아이디어를 제공한다. 특히 '우영'의 경우 자본주의의 복잡한 유통방식이 존재하지 않고 생산이 어떻게 소비로 이어지는 지를 명확히 보여주는 과정이 포함되고 있다.

'우영'의 소비체계와 특징

1년 동안 '우영'을 통해 섭취하는 채소 음식들

'우영'은 음식문화 담론에 의한 편향적 섭취가 아니라, 순환체계가 제공하는 섭취를 하기에 훨씬 더 고른 작물을 안정적으로 섭취할 수 있는 장점이 있다. 그것은 면담자의 '우영' 작물 섭취를 통해서도 알 수 있다. 이것은 자본주의 경제논리인 비교우위에 의해 훨씬 더 다양한 경로를 통해 다양한 채소를 섭취할 것이라는 환상을 깨뜨린다. 실제로 환금작물화 된 채소작물은 가격폭등과 폭락, 복잡하고 긴 유통과정의 위험성 등으로 채소작물의 고른 섭취를 방해하고 있다. 2010년 국내의 배추파동이나, 2011년 유럽의 야채 공포 등의 사례만이 아니어도 채소작물의 가격파동과 안전성 문제는 매년 국내외에서 일어나고 있다. 이때마다 사회적 약자들은 채소작물의 섭취로부터 멀어지고 있다.

그에 반해 면담자의 사례를 통해 '우영'재배가 1년간 얼마나 고른 채소 섭취가 가능한지를 살펴볼 수 있었다. 면담자가 4개 구역의 '우영'을 통해 얻은 1년 동안 수확하여 섭취하고 있는 작물은 30~40여 가지가 되고 있었다. 섭취하고 있는 채소작물들을 표로 작성하여 보니, 〈표 4〉와 같다. 〈표 4〉를 살펴보면 최소한 1개월 동안 적게는 4~5개의 작물을, 많게는 10개 이상의 채소 작물을 '우영'을 통해 지속적으로 섭취하고 있는 것을 알 수 있었다. 이 외에도 저장용으로 무말랭이, 늙은 호박, 김장, 마늘, 감자, 고구마 등을 겨울 동안 섭취하고 있었으며, 이웃으로부터 획득하는 밭작물도 있어 실제로 이들이 섭취하고 있는 작물은 40-50여 가지에 이르고 있었다. 그 외에도 쑥이나 고사리 등

인근 들에서 얻을 수 있는 산나물 재료까지 포함한다면 훨씬 더 확대될 수 있다.

또한 화단을 이용하여 하귤, 금귤, 포도, 감 등의 과수도 재배하고 있어 실제로 더 다양한 작물들을 섭취하고 있었다. 이는 자본주의 유통망을 거쳐 섭취하는 채소작목 수보다 미치지 못한다고 이야기 할 수 없다. 높은 유통비가 포함되어 판매되는 시장의 채소작물에 비해 '우영'의 생산비는 훨씬 우위에 있음을 알 수 있다. 그런데 우리는 자본주의식 상품의 비교우위론에 입각하여 채소작물을 판단함으로써 이 전통적인 시스템을 버려왔던 것이다. 그리고 스스로 채소작물을 환금작물로 인식하여 과수작물들 함께 밭작물을 채워나갔다. 그 결과 오늘날 매년 반복되는 채소작물 폭등과 폭락을 경험하고 있으며 채소 섭취의 안정성을 훼손 받고 있다.

〈표 4〉 '우영'을 통해 1년 동안 섭취하는 채소작물들

구분	재배작물
1월	밭미나리, 유채나물, 겨울상추, 겨울배추, 무, 갓나물, 부추, 시금치
2월	밭미나리, 유채나물, 겨울상추, 쪽파, 겨울배추, 무, 갓나물, 부추, 시금치
3월	밭미나리, 유채나물, 겨울상추, 겨울배추, 무, 갓나물, 부추, 시금치, 쪽파, 대파
4월	밭미나리, 봄배추, 부추, 쪽파, 대파
5월	밭미나리, 봄배추, 부추, 쪽파, 대파, 쑥갓
6월	밭미나리, 가지, 깻잎, 부추, 쑥갓
7월	밭미나리, 가지, 깻잎, 여름배추, 토마토, 고추, 여름감자, 콩잎, 옥수수, 부추, 오이, 상추
8월	밭미나리, 깻잎, 호박, 여름배추, 고추, 여름감자, 콩잎, 옥수수, 부추, 오이, 상추
9월	밭미나리, 호박, 콩잎, 토란, 부추, 고구마
10월	밭미나리, 호박, 가을배추, 무, 갓나물, 토란, 부추, 고구마, 쑥갓
11월	밭미나리, 저장용 호박, 겨울상추, 가을배추, 무, 갓나물, 부추, 시금치
12월	밭미나리, 저장용 호박, 겨울상추, 무, 갓나물, 부추, 시금치

'우영'에서 생산된 재료로 만드는 김장

'우영'에서 생산된 상추

그러나 '우영'은 채소 섭취의 안정성을 제공한다. 1년 동안 '우영'에서 생산되는 30여 작물을 통해 면담자가 만들어 먹는 음식들의 종류를 살펴보았다. 면담을 통해 이들이 주로 즐겨 만들어 먹는 음식들을 정리해 보았다. 첩수에 따른 반찬 분류표를 이용하였으나, 딱 들어맞는다고 할 수는 없다. 이런 반찬 분류표를 사용하는 것이 좋은 것인지는 더욱 숙고해봐야 할 일이지만, 다른 지방과의 채소작물 섭취 차이를 파악하기 위해서는 이런 표준화된 분류방식을 따르는 것도 유용할 만하다고 여겨진다.

제주지역 음식의 특성상 첩수에 따른 반찬 분류표에 딱 들어맞는 것은 아니지만, 거의 비슷하다고 판단되는 항목에 면담자가 주로 만들어 먹고 있다는 음식을 배치하여 〈표 5〉와 같이 정리하였다.

〈표 5〉 '우영'에서 재배되는 채소들을 이용한 음식[19]

구분	재배작물	밥(떡/면)	탕(찜/찌게)	김치	종지	조치류	숙채	생채	구이/조림/전류(볶음포함)	마른반찬/젓갈류(저장류)	회/조미
1	가을배추		배추된장국 생선배추국	배추김치			배추 무침 삶은 배추쌈	생배추쌈			
2	가지						가지무침		가지볶음		
3	갓나물			갓김치							김치 소 물김치재료
4	겨울감자	감자밥 감자범벅	감자된장국				삶은 감자 감자조림 감자 샐러드		감자채볶음		찌개 재료
5	겨울배추		배추된장국 생선배추국	배추김치			배추 무침 삶은 배추쌈	생배추쌈			
6	겨울상추						상추무침	상추쌈 상추초무침 상추겉절이			
7	고구마	고구마밥 고구마범벅 고구마절간					찐 고구마		맛탕 고구마튀김		
8	고추						고춧잎무침	생고추	고추튀김	고추장아찌	각종 요리재료

[19] '우영'에서 재배되는 채소들을 이용하여 섭취하는 음식들은 전적으로 면담자의 기억에 의거한 것임으로 완벽하게 정리되었다고 할 수는 없으나, 주로 해먹는 음식에 초점을 맞추어 조사하였다.

구분	재배작물	밥(떡/면)	탕(찜/찌개)	김치	종지	조치류	숙채	생채	구이/조림/전류(볶음포함)	마른반찬/젓갈(저장류)	회/조미
9	깻잎						깻잎 무침	깻잎쌈 깻잎겉저리		깻잎장아찌	각종 요리재료
10	대파										각종 요리재료
11	마늘							생마늘	구운마늘	마늘짱아찌	각종 요리재료
12	무	무밥 빙떡	무된장국 생선무국 돼지고기무국 쇠고기무국	깍두기 물김치			무채무침	무생채무침	생선무조림	무말랭이무침	찌개 재료
13	밭미나리	비빔밥					미나리 무침				각종 요리재료
14	봄배추		배추된장국 생선배추국	배추김치			배추 무침 삶은 배추쌈	생배추쌈			
15	부추			부추김치			부추무침		부추전		각종 요리재료
16	시금치		시금치 된장국				시금치 무침				잡채, 김밥에 이용
17	쑥갓										각종 요리재료
18	여름감자	감자밥 감자범벅	감자된장국				삶은 감자 감자조림 감자 샐러드		감자전 감자채볶음		찌개재료
19	여름배추		배추 된장국 생선배추국	배추김치			배추 무침 삶은 배추쌈	배추쌈			
20	여름상추						상추무침	상추쌈			
21	오이			오이김치				생오이 오이무침		오이지	각종 요리재료
22	옥수수							찐옥수수			
23	유채나물		유채나물된장국	유채나물김치			유채나물무침				
24	쪽파			파김치			파무침				각종 요리재료
25	콩(잎)	콩밥 콩국수						콩잎 쌈		콩잎장아찌 콩자반	
26	토란		토란국								
27	토마토						샐러드	생토마토			
28	호박	호박범벅 호박죽	호박된장국 호박탕 갈치호박국				호박무침		호박무침		

〈표 5〉를 보면 면담자 가족이 '우영'에서 재배되는 채소들을 이용하여 가장 많이 만들어 먹는 음식의 종류는 범벅류, 국류, 생채, 숙채류 등임을 알 수 있다. 면담자 가족은 거의 모든 채소 작물들을 숙채로 만들어 먹었으며, 잎이 있는 채소작물의 경우 생채나 쌈을 이용하여 섭취하는 경우가 많았다. 이것은 싱싱한 채소를 바로 획득하여 섭취할

수 있는 '우영'공간이 지척에 있기 때문에 가능하였다.

특히 죽, 떡(범벅), 국 등과 같은 요리에 해초류, 어패류 등과 함께 채소작물을 혼합하여 만들어 먹는 경우들이 있었는데, 이것은 식량이 부족하던 시절, 여러 가지 재료를 혼합하여 식량자급체계를 형성하였던 전통적 흔적이 아직도 남아있는 것으로 보인다. 채소작물만 취급하는 <표 5>에서는 잘 드러나지 않고 있지만, '채소류+해초류+곡류' 등의 음식이나, '채소류+어류', '해초류+곡류', '해초류+어패류', 어패류+채소류 등 각종 식자재가 혼합된 음식들을 섭취하는 경우들이 많았다. 이는 부족한 하나의 자원을 여러 개의 식량자원과 혼합하여 섭취함으로써 한 가지 식량자원의 섭취로만 발행할 수 있는 특정 식량자원의 부족을 막고 있음을 볼 수 있다. 때문에 잡다한 음식류가 많아, 육지부의 반찬 첩수 분류와 같은 기준에 딱 맞지는 않는다. 이것은 지역의 식량자원을 둘러싼 제반 환경을 고려하여 만들어진 독자적인 식량자급체계 속에서 독특한 음식문화를 형성하여 왔기 때문이다.

그러나 점차 소비과정에 변화가 일어나고 있었다. 소비과정에서의 변화는 주로 조리법과 양념의 사용에서 나타나고 있다. 이전 채소류의 양념으로는 된장이나 조선간장 등이 많이 사용되었는데, 볶음 요리의 섭취는 유채로 기름을 만들어 사용하면서 많아졌다고 한다. 서양 소스가 가미된 음식들도 나타나고 있었는데, 그것은 대개 70-80년대 대중요리강습이나 새마을 부녀회, 혹은 대중매체의 영향을 받으면서 만들어 먹기 시작하였다고 한다. 면담자의 사례를 통해 보았을 때, 음식의 변화는 특히 맛을 주도하는 사회적 담론이 무엇인가에 의해 조리법이나 양념류가 결정되고 있는 상황을 볼 수 있었다. 맛의 사회적 담론은 이곳 공동체 구성원들의 식생활에도 영향을 주어, 사회의 담론이 된 맛으로 일원화되어가는 경향을 보여주고 있었다.

면담자가 지금의 주거지로 이사했을 당시 현재 살고 있는 마을의 음식조리법은 이전에 면담자가 살던 지역과 다소 차이가 있었다고 한다. 심지어 육고기를 자르는 형식에서도 차이가 있었다고 한다. 그러나 지금은 거의 모든 조리법들이 공유되고, 비슷한 맛을 유지하고 있다는 것이다. 이러한 맛의 일원화가 어떻게 나타나게 된 것인지에 대한 음식의 사회적 담론에 대한 부분은 차후의 보충적 연구가 필요하다. 다양한 짠맛이 어떻게 일원화 되어 왔으며, 조선간장이 양조간장으로 소급되면서 조리의 세계에서 우월성을 가지게 된 과정들도 살펴보아야 한다.

마귈론 투생(2002)은 어떤 먹을거리를 좋아하는가를 구분하는 지역적인 경계가 사투리를 구분하는 경계와 일치한다고 주장한 적이 있다. 허남춘(2005)은 제주는 다른 지역과 구분되는 독자적인 사투리를 가지고 있고 그만큼 제주는 독자적인 음식문화를 구

축하고 있다고 보았다. 그러나 지금의 제주지역의 먹을거리는 거의 보편화, 일반화 되는 과정에서 섬 안에 나뉘어져 있던 음식의 미세한 사회문화적 경계가 확대되거나 소멸 되는 등 그 변동과정에 있다고 볼 수 있다. 이는 지역의 다층적인 식량자급체계가 변동과정에 있음을 암시하는 표상이기도 하다.

자원의 재활용과 종자의 보전

자본주의 소비의 끝자락은 쓰레기와 잔여물로 뒤범벅이 되지만, '우영' 소비의 끝자락은 새로운 생산을 위한 토대가 되었다. 남겨진 음식물들은 통시를 이용해 '우영'의 지력을 높이기 위한 새로운 자원으로 탄생하였다. 1년 동안 재배되는 작물로 지력이 약해지는 '우영'의 지력을 높이기 위해, 면담자는 통시가 없어질 때까지 통시에서 낸 거름을 이용하여 '우영'의 지력을 높여왔다고 한다. 공동체 대부분의 가구는 통시가 사라질 때까지 그렇게 해왔다. 그러나 1960년대 이후부터 꾸준히 전개된 가옥개량사업으로 통시는 점차 사라졌으며, 그 자리를 화학비료가 대신하게 되었다. 간혹 바닷가 인근의 성게 껍질을 모아다 거름으로 활용하고 있는 모습은 여전히 볼 수 있었다.

통시의 돼지는 집에서 먹다 남은 음식잔여물에 돼지사료를 함께 석여 먹여 길렀다. 돼지를 기르지 않는 집에서는 돼지를 기르는 집에 음식잔여물을 가져가도록 허락하기도 하였다. 돼지의 분뇨를 몇 달에 한 번씩 통시에서 걷어내어 삭힌 뒤, 매년 봄과 가을에 거름을 내어 파종할 때 사용하였다고 한다. 이 과정에서 음식잔여물은 새로운 생산자원으로 재탄생하게 되었다. 전경수(1992)는 그의 연구에서 통시의 이런 생태적 순환체계에 주목하였던 적이 있다. 순환체계는 채소작물의 생산과 소비를 안정적으로 순환할 수 있도록 가옥과 연계하여 구현함으로써 채소작물의 안정적인 자급체계를 형성시켰다고 볼 수 있다. 물론 예외적으로 병해충이나 자연재해와 같은 복병들이 있었으나, 인간이 최선으로 할 수 있는 생태적 순환체계를 만들었던 것이다.

그러나 근대화와 환금작물의 도입 등으로 인한 가옥구조의 변화는 이런 순환체계에 영향을 주었다. 통시의 소멸로 거름대신 비료를 사용하게 되었고, '우영'은 때때로 지력의 약화로 부분적 휴경을 하기도 하였다. 김종덕(2001)이 언급한 것처럼 비료사용은 토양유기물의 분해와 건조를 촉진시켜 토양을 약화시키기 때문이다. 또한 음식잔여물의 처리는 근대적인 쓰레기처리방식에 따라 매장지로 향하게 되었다. 때문에 완전한 순환 고리를 만들던 '우영'의 생산과 소비체계는 변화를 맞이하여 부분적으로 단절되기 시작하였다.

또한 환금 밭작물의 생산력을 높이기 위해 다량으로 사용되기 시작한 농약은 '우영'에도 살포되기 시작하였다. 비료와 농약의 다량 사용은 포드주의적 식품생산과 가공을 위하여 시작된 것으로, 솔브리즈(Solbrig, 1994)는 현대 영농체계가 다량의 비료와 농약에 의존하고 있어 안전한 농산물의 생산에 장애가 되고 있다고 이야기 한 바 있다. 그런데 한국사회는 근대 영농 아래 비료와 농약의 사용이 권장되었다. 거름을 주던 시절에는 채소작물의 생산과 소비에 대한 주체의 완전한 장악이 있었다면, 무엇이 들어있는지 제대로 파악이 안 되는 비료와 농약이 얼마간의 위협을 주는지에 대한 확신은 점차 줄어들고 있는 것이다.

종자의 문제는 훨씬 더 확신이 없다. 면담자는 '우영'에 파종되는 종자를 획득하는 경로에 대해 크게 4가지 경로를 이야기하였다. 첫째는 수확한 작물에서 획득한 경우로 호박이나 감자, 마늘 고추, 고구마 같은 경우 수확한 작물의 씨앗을 말려 보존하거나 그 뿌리를 보관하였다가 종자로 심는 경우였다. 둘째는 재래시장이나 민속 5일장을 통해 판매되는 씨앗이나 모종을 구입하는 경로였다. 셋째는 종묘사 등을 통해 씨앗 등을 구입하는 경로이다. 넷째는 이웃에서 얻는 잉여의 씨앗과 모종이었다. 이 4가지 경로 중에 시장이나 종묘사 등을 통해 들어오는 씨앗이나 모종에 대해서 구체적인 경로를 정확히 알고 있지는 못하였다. 현재 전 세계의 80%이상의 작물이 초국적 기업에 의해 제공되어지고 있다고 볼 때, 면담자의 '우영'의 절반은 초국적 기업의 슈퍼 종자를 이용할 가능성을 배제할 수 없다.

박민선(2001)은 3~4개의 초국적 기업들이 종자에서 슈퍼마켓 판매대에 이르기까지 전체 식량체계를 지배하고 있다고 주장하였다.[20] 대기업이 통제하는 세계화된 식량체계 하에서 농민들은 생산자로서 그들의 독립적인 지위를 상실하고 있으며, 계약 재배를 통해 기업을 위한 노동공급자가 되고 있다는 것이다. 그런 점에서 '우영'은 종자를 보존하면서 생산자로서 그들의 독립적인 지위를 유지할 수 있는 최소한의 권리를 내포하고 있다. 향후 전세계 농업은 초국적 기업의 의한 터미네이터 종자[21]를 이용하거나 종자에 대한 권리세를 지불해야 하는 상황에 놓일 것이다. 최근 서유럽의 종자를 둘러싼 권리세 분쟁은 우리에게 시사하는 바가 많다.

---

[20] 대표적인 초국적 농식품 기업으로 카길과 몬산토를 들 수 있는데, 이 두 기업은 1998년에 합작을 발표하였다. 카길은 세계 곡물의 45%이상을 지배하고 전세계 23개국에서 연구활동을 포함한 종자사업에 진출하고 있었다. 그러나 생명공학 분야에 접근하지 못했던 카길은 국제종자사업부문을 몬산토에 팔고 몬산토와 제휴를 강화하고 있다. 한편 카길은 미국 내의 종자사업부문은 아그레보(AgrEvo)에 매각하였다. 몬산토는 유전자조작 농산물 시장을 독점하고 있다고 볼 수 있는데, 1999년 유전자 조작 종자의 98%를 판매한 것으로 알려지고 있다(박민선, 2001).

[21] 터미네이터 종자는 한 번 재배하고 나면 다시 그 작물의 씨앗으로는 재배할 수 없게 유전적으로 조작되어 만들어진 1회성 종자이다.

사라져 가는 '우영'

제주 먹을거리
풍경

'우영'의 전통에 대한 재해석

'우영'에 내재되어 있는 사회안전망

'우영'의 순환체계는 결국 제주지역의 식량자급체계를 완성시키는 한 축이었다. 그리고 나아가 사회안전망이기도 하였다. 기본적으로 부족한 식량자원을 지원하는 역할 외에도, 공동체 구성원들이 서로 '우영'을 공유함으로써 굶주림에 노출되는 구성원이 생겨나지 않도록 하였다. 아직도 연구대상 공동체에서는 '우영'을 공유하거나 나누는 현장을 목격할 수 있었다. 필요한 채소작물이 있으면 남의 '우영'이라 할지라도 적당히 먹을 양을 뽑아 갈 수 있었다. 면담자의 '우영'을 동네 사람들이 심심찮게 이용하고 있는 것을 볼 수 있었으며, 면담자 또한 다른 집의 '우영'에 가서 다른 채소작물을 얻어다 섭취하기도 하였다. 한 가구의 '우영'은 전체 공동체의 '우영'이 되기도 하였다. 특히 이들 공동체는 노동력을 공유하고 있는 집단이기도 하여서 개인 소유의 '우영'이라고 할지라도 공동체 구성원은 누구라도 자유롭게 이용하고 있었다.

이것은 제주의 오래된 전통에서 기인하고 있었던 것으로 보인다. 제주지역의 사회적 관계망은 대개 부계, 모계, 처계가 한 공동체 안에 존속한다는 특징을 가지고 있다. 그리고 노동력 공유를 위해 부·모·처계가 다층적으로 동원될 수 있도록 다양한 자발적 결사체가 존재해 왔는데, 연구대상 공동체에서도 이전에 비해 많이 소멸되었음에도 '솥접'과 같은 자발적 결사체들이 운영되고 있었다. 이러한 결사체들은 주로 경조사 등을 통해 먹을거리를 나누었으며, 이는 어느 정도 먹을거리의 사회안전망 역할을 하였다. 특히 경조사의 돗추렴을 통한 공동체 구성원들에게 단백질을 공급하는 것은 이들이 먹을거리에서도 공동체 인식을 확인할 수 있었다.[22] 비단 돗추렴이 의례 등 특별한 의식적 행위를 염두에 두고 일어나는 것이나, 일상생활에서도 이런 나눔의 문화는 일반화되어 있었다. 일상의 나눔은 대개 채소작물을 나누는 행위로 나타났는데, 이웃끼리 서로 채소작물을 공유하여 부족한 식량자원을 상시 지원하였으며, 잉여작물의 일부는 사회 약자 등에 배려하기도 하였다.

연구대상 공동체뿐만 아니라, 제주에 남아있는 많은 속담과 자발적 결사체들이 먹을거리와 관련이 있다는 것은 지역 공동체에서 먹을거리 문제가 굉장히 중요하게 인식되었다는 것을 말하는 것이며, 공동체의 생존을 위해 매일 음식을 나누는데 노력을 아끼지 않았던 것을 알 수 있다. 음식에 배분에 공동체의 생존을 우선으로 삼았는데, 이는 공동체의 생존이 곧 자신의 생존과 직결되었기 때문이었다.

그러나 음식의 배분에 정치가 개입되면, 권력에서 배제된 다수는 굶주림에 노출되게 된다. 김흥주(2004: 85~118)는 오늘날의 굶주림은 식량과 토지의 부족, 또는 생산량에 비해 인구의 과잉 때문에 나타나는 현상만은 아니며, 굶주림의 경계에 음식과 관련된 정치가 개입되면서 소수의 탐욕을 위해서 언제나 부족한 것이라고 말하고 있다. 여기서 말한 음식의 정치는 거대 곡물메이저와 이들을 직간접적으로 지원하는 WTO 체제가 정치의 상징이다. 그리고 그 음식의 정치 중심에 패스트푸드가 있다. 패스트푸드를 산출하는 맥도날드 시스템은 사회의 모든 부분을 지배하는 원리가 되었다.

---

22 멜라네시아, 뉴기니, 대만 등의 원주민 사회에서는 돼지를 의례에서 희생공물로 바친 후 그 고기를 분배한다. 이 고기 분배는 분배에 참가한 사람들 사이에 의무적인 사회적 교환의 범주를 만든다. 따라서 이 분배에서 제외되거나 분배에의 초대에 응하지 않는 것은 곧 사회적 관계의 단절을 의미한다(kim, 1980).

먹을거리에 대한 자본주의의 영향력이 증대되면서 모든 농작물들은 패스트푸드 시스템을 도입하게 되었다. 제주지역의 농업작물도 환금작물이란 미명 하에 몇몇 작물로 일원화되고, 맥도날드식 시스템 속에서 생산체계를 갖추게 되었다. 다양했던 밭작물들은 점차 유채, 감귤과 같은 환금작물로 일원화되어 갔으며, 환금작물의 재배는 전통적인 공동체의 해체와 변동에 주된 요인이 되었다. 동하동 역시 환금작물로 농업작물이 일원화 되어가면서 전통적인 공동체의 해체와 변동이 일어나기 시작하였다. 그 과정에서 '우영'의 존재도 점차 축소되거나 소멸되어갔다. 부계, 처계, 모계의 혼합적인 공동체는 이주와 이입으로 해체와 변동을 겪으면서 지역사회에서 부·모·처계가 이중 삼중으로 얽혀 있던 연결망은 점차 부계 중심의 공동체로 변화해 나갔으며, 그 과정에서 사회안전망 또한 약화되는 결과를 가져오면서 공동체의 음식으로부터 배제되는 경우들이 생겨나고 있다.

도심으로 이주해 있는 가족들이나 친지, 이웃들에게 '우영'의 생산물을 보내는 경우들도 있었지만, 이것은 사회안전망이라기보다는 농촌의 생산자가 도심의 소비자에게 공급하는 형태의 또 다른 측면에 불과하였다. 최근의 먹을거리와 관련된 운동이 슬로푸드 운동 등 먹을거리 안전성에 집중되어 있지만, 실제로 제주지역의 먹을거리가 내재하고 있는 전통은 노동력 공유가 중요했던 만큼 공동체 구성원의 생명과 노동력을 보존해 줄 수 있는 사회안전망으로서의 역할이었다. 그런 점에서 현재 먹을거리와 관련하여 일어나고 있는 슬로푸드 운동[23]과는 다소 다른 접근방식이 필요하다.

---

[23] 맥도날드가 1986년에 이탈리아 로마에 진출하자 이에 반대하여 '식사, 미각의 즐거움, 전통음식의 보존' 등의 기치를 내걸고 시작된 이 운동은 기본적으로 새로운 음식문화를 만들려는 것이며, 이를 통해 음식의 안전성과 다양성을 확보하고 이를 즐기려는 것이다. 나아가 이러한 먹을거리 운동을 통해 세계 식품체계(global food system), 포드주의적 식품생산과 유통체계, 패스트푸드의 세계화에 대항하고자 한다. 슬로푸드운동 자체에도 세계적 빈곤과 결핍을 해결할 궁극적인 대안을 제시하지 못하며, 계층 편향적 지배엘리트 운동이라는 한계를 지니고 있다(김흥주, 2004).

최근에 사회안전망으로서 공동체의 먹을거리에 중점을 두고 생산과 소비가 연결되는 생태공동체 운동을 활성화하려는 움직임이 있다. 생태공동체란 김흥주(2004)에 따르면 생활공동체 혹은 마을공동체가 중심이 되어 생태공동체의 모델을 만들고, 지역 행정과 지역 경제가 유기적으로 연계되어 도시와 농촌을 하나로 묶어 상호 공동체 의식을 회복하는 생활운동, 생명운동, 풀뿌리 운동이다. 제주지역의 '우영'은 바로 그런 생태공동체의 모델을 만들 수 있는 점을 시사하고 있다.

그런 점에서 공동체의 식량자급체계를 회생하려고 노력하였던 쿠바의 사례는 눈여겨볼 만 하다. 먹을거리에 대한 쿠바의 유기농업은 단지 기존의 관행 농업에 무농약, 무비료 생산을 덧붙이는 것만 아니라, 토지의 소유구조에서 지역순환농업까지 생산과 소비의 틀을 완전히 바꾸어 사적 경영을 허용한 가족농중심의 토지개혁, 직거래 유통 중심의 시장개혁, 지렁이 퇴비 등을 이용한 흙 살리기 운동, 윤작, 간작, 휴경작 등 순환농업의 정착, 전통농업과 과학기술의 결합, 농민중심의 공동체 복원과 지역농업 정착 등이 어우러져 만들어진 대안식품체계이자(김흥주, 2003: 110), 전통으로 돌아가 식량자급 체계 및 사회안전망을 복원한 진보적 사례였다.

이런 아이디어는 공동체 지원농업(CSA: Community Spported Agriculture)과 같은 사업들을 확산시키고 있는데, 새로운 영농형태에 대한 아이디어로 공동체 지원농업은 지역사회식품 체계의 한 형태로서 미국에서 빠르게 성장하고 있는 지역사회공동체 지향 농업경영체의 한 가지 유형이다.[24] 그것은 농업 경영에 기반을 둔 것으로, 농민과 소비자의 신

---

[24] 공동체 지원농업은 식품, 자연, 사회의 새로운 혼합을 만드는 것으로서 새로운 영농형태에 대한 아이디어를 제공(sharp et al, 2002)하고, 있는 것으로 1980년대 후반부터 시작되어 현 미국 농무성(USDA)의 정책적 지원 하에 미국에서 유행하고 있는 사회제도이다. 공동체 지원농업과 같은 영농 방식은 현재 전 세계적으로 점점 확산되고 있는 추세이다. 최근 농촌개발에 관심이 있는 농촌사회학자들은 식

뢰를 기반으로 지역사회재건에 초점이 맞춰져 있는데, 한국사회에서는 새로운 우영 공동체 탄생에 영향을 주고 있기도 하다.

새로운 '우영' 경작 공동체의 태동

2000년대 들어 먹을거리 위기와 그에 대한 관심이 확대되면서, 먹을거리와 관련된 사회운동이 활발히 전개되더니, 2008년 이후에는 '우영'의 생태적 순환체계의 전통을 새롭게 해석한 공동체들이 탄생하고 있는 것을 목도할 수 있다. 가장 먼저 '우영'의 전통에 관심을 돌린 것은 교육현장이었지만, 현재는 도심의 동단위 주민들 사이에서도 관심이 확대되고 있다.

'우영'의 전통을 제일 먼저 살린 곳은 〈우리 텃밭 제주공동체 우영〉이었다. 전국 여성농민회총연합에서 진행하고 있는 제철꾸러미 사업의 일환으로 진행하고 있는 공동체 농업의 한 형태이다. 여성농민들이 텃밭에서 가꾼 제철의 농산물을 매주 소비자 회원에게 보내주는 방식으로, 지역주민들이 지역 농민에게 일정한 회비를 납부하고 지역에서 생산된 농산물을 받아 소비하는 체계이다. 이 〈우영〉 공동체에 속한 농민들은 카페를 통해 생산자들의 얼굴을 공개하고 '꾸러미 편지'등을 통해 농사와 관련된 의사소통을 시도하고 있다. 이를 통해 농촌생산자와 도시 소비자 간의 새로운 생태적 먹을거리의 순환체계를 만들려고 하는 노력이기도 하다. 〈우리 텃밭 제주공동체 우영〉은 앞

품시장이 품질에 따라 차별화되고 있는 것에 주목하여 지역공동체 식품체계 구축을 통하여 농촌개발 전략을 수립하는 시도를 한다. 지역식품체계는 지역의 농식품과 농촌개발 전략을 결합시키는 방법을 통해서 농촌개발에 대한 새로운 접근을 시도하는 농촌개발 접근방법이다(박덕병, 2005).

서보았던 공동체 지원농업과 전통적 '우영'이 결합된 변형 사례로 볼 수 있다.

새로운 생태 순환체계는 '신뢰'와 '다양성'을 기본 전제로 하고 있다. 먹을거리 다양성이란, 단지 품목수를 의미하는 것만은 아니다. 전통적 '우영'과 같이 고른 작물의 지속적인 공급을 전제로 한다. 그러기 위해서는 '우영'의 순환체계를 빌려올 수밖에 없으며, 또한 소비자 입장에서 생산에 대한 완전한 장악이 없기 때문에 신뢰는 가장 기본적인 요소가 될 수밖에 없다.[25] 지난 2008년 서귀포 지역에서만 진행되던 이 사업은 지난 2009년 제주도 전역으로 확장되었다.[26] 이런 종류의 사업은 제주지역에서는 서귀포 등을 시작으로 활성화되고 있는데, 이는 농민회 등을 비롯해 농민단체가 활성화 되어 있기 때문으로 보인다.[27]

'우영'의 전통을 계승한 공동체 텃밭 가꾸기도 서귀포지역에서부터 시작되었다. 이는 도시농업의 한 형태로 시작되고 있는데, 〈표 6〉에서 볼 수 있듯이 2009년부터 서귀

---

[25] 농민들이 가꾸는 경지는 500평 미만으로 제한한다. 이는 농지가 넓어질수록 대규모 단작화 될 수 있기 때문이다. 소비자들은 인터넷 카페와 꾸러미 편지 등을 통해 생산자인 농민과 소통하여 생산과정에 간접적으로 참여하지만, 전통적인 '우영'처럼 생산 과정 전체에 전적으로 관여할 수는 없다. 다만 1년 한 번은 반드시 산지에 가서 직접 농민들과 교류를 가져야 회원이 될 수 있다.

[26] 현재 강원도에 2개, 경북에 2개, 전남 2개, 전북과 제주에 각각 하나씩 8개가 꾸려져 있다.

[27] 1990년대 이후 농촌 운동을 주도한 농민회가 현재 먹을거리 위기 극복을 위한 사회운동에서 영향력을 발휘하고 있는 모습들을 종종 목격할 수 있다. 이런 부분은 농민운동 차원에서 다시 한 번 연구되어져야할 부분이다.

[28] 서홍동 주민자치위원회는 '흔 디드렁 텃밭 가꾸기 행사'를 시작해오고 있다. 무상임대한 밭(3090㎡)에서 재배한 작물은 독거 노인, 장애인 가구 등 이웃들에게 전달하고 있다. 제주시 지역 마을에서는 오라동 마을이 처음으로 2010년부터 1600㎡의 인근 밭을 싼 값에 임대 하고 오라동 9개 자생단체가 한 구역 한 작물씩 재배를 맡아 경작한 작물을 복지시설에 전달하고 있다. 이도2동 주민센터는 2011년 제주이어도 지역자활센터와 함께 남광경로당 앞 공한지에서 '도시텃밭이야기' 사업을 시작하였다. 도시텃밭사업은 '마을텃밭' '학교텃밭' '상자텃밭' 3가지로 나눠 진행되고 있는데, 마을텃밭은 남광경로당 앞 공한지 500평을 주민들의 신청을 받아 10여평씩 총 40여명에게 분양, 분양을 받은 주민들이 가꾸고 있다. 학교텃밭은 남광초등학교 옆 도유지 120평을 남과초등학교 학생들이 경작하고 있다. 상자텃밭은 샐러리·모듬치

포시 서홍동을 시작으로, 2010년에는 제주시 오라동, 2011년에는 이도2동으로 확산되었다.[28] 그리고 점차 도심의 아파트 중심으로 확산 일로에 있다. 심지어 도서관 이용 활성화의 한 방안으로 이것이 활용되기도 하고 있는데,[29] 각각 텃밭가꾸기의 이름들은 달라도 기본적으로 '우영'의 전통에 입각하고 있음을 표방하고 있다. 이는 쿠바에서 보여준 도시농업의 성공이 많은 국가들에게 전통적인 생태농업체계가 현재의 위기를 극복할 수 있는 훌륭한 아이디어임을 인식시켜주었다. 그리하여 제주지역에서는 '우영'과 같은 생태 농업에 주목하게 되었다.

〈표 6〉 새로운 '우영' 공동체의 태동

구분	시작년도	(사업)내용	목적
우리텃밭제주공동체 우영	2008	꾸러미편지, 카페	공동체지원농업
서홍동	2009	흔 디드렁 텃밭 가꾸기	이웃돕기
오라동	2010	-	복지시설 전달
이도2동	2011	마을텃밭, 학교텃밭, 상자텃밭	판매수익 기부 등
탐라도서관	2011	밭과 도서관(흙과 책)	도서관 이용 활성화

'우영'의 재해석은 형태와 방식은 달라도 몇 가지 공통된 특징을 보여주고 있는데, 하나는 생산과정에 도시의 주민들이 참여하고자 하는 욕구가 투영되고 있다. 이는 도시와 농촌이라는 이분법적 근대 공간에서 도시와 농촌을 하나의 공간 안에 두고 상호보

커리·상추·방울토마토 등의 묘종을 상자에 심고 집으로 가져가서 기를 수 있도록 하는 것이다.
[29] 도서관에서도 도서관 이용활성화 방안의 하나로 가족텃밭을 내걸었다. 탐라도서관은 어린이가 있는 가족이 도서관을 찾으면 동화구연 전문가에게서 식물에 관한 동화로 들은 뒤 직접 밭으로 가 텃밭 일구기를 시작하는데, 가족팻말을 붙이고 파종을 한 뒤, 참여가족이 도서관을 방문하며 관리하는 것이다.

130 제주 먹을거리 풍경

완적인 공동체로 인식하려고 하는 노력으로 나타나고 있다. 둘째는 '우영'의 사회안전망에 초점을 두어 사회적 약자를 돌보는 맥락이 강조되고 있다. 도심의 공동체를 중심으로 '우영' 경작을 통해 사회적 약자를 돌보려는 사업이 전개되고 있다는 것이다. 셋째는 도시 농업이라는 형태로 근대 공간에 새로운 식량자급체계를 위한 새로운 순환 공간의 형성이 시도되고 있다는 것이다. 국내 도시농업의 움직임은 많은 소농이 몰락하고, 땅과 대면하며 먹을거리를 생산하는 이들이 줄어드는 현실에서 농사의 중요성을 사람들에게 환기시키고 자신들이 소농이 돼 식량자급률을 높이자는 방향과 더 맞닿아 있다.

도시농업은 이미 세계적인 추세가 되고 있다. 이미 영국 런던과 같은 도시에 737개 도시 텃밭에 3만 6천개 구획으로 3만여 명이 임대 텃밭 농사를 하고 있고, 런던 가구의 14%가 자신의 집 정원에서 농사를 짓고 있다. 일본 역시 3273개의 시민농원이 있는데 도쿄도(都)에만 448개소 2만8808구획의 시민농원과 63개소 3630구획의 체험농원이 있다. 대부분 지자체가 농가에서 농지를 빌려 1구획 당 10~15㎡ 규모로 나눈 후 일반시민에게 1~3년간 임대해 준다. 캐나다 밴쿠버는 시 주도로 2010동계올림픽 직전까지 시내에 2010개소의 도시 텃밭을 만들었고, 미국 뉴욕에서는 1973년 도시텃밭을 조성하면서 도시농업이 시작돼 지난 30여 년 간 600개소의 도시 텃밭이 조성되었다. 뉴욕을 중심으로 초고층건물에서 농작물이나 가축을 기르는 수직농업 연구가 활발하다(제주도민일보, 2011. 1. 26).

유엔 산하의 유엔개발기구(UNDP)보고서에 따르면 세계적으로 도시 주민이 소비하는 음식의 약 3분의 1이 도시 내부에서 생산되고 있고, 도시농업 종사자 8억 명 가운데 6억 명은 자신이 먹기 위해 도시에서 농사를 짓는 것으로 나타났다. 이는 현재의 먹을거리 위기가 먹을거리에 대한 생산과 소비를 완전히 장악하여 먹을거리 안전성을 확보하려는 노력의 일환이며, 이런 노력의 일환은 전통적 식량자급의 순환 체계에 주목하는 현상으로 나타나고 있다.

우리나라에도 경작 가능한 도시농업공원이 탄생하고 있다. 녹색성장을 화두로 내건 지자체들이 도시농업 조례를 마련하면서 도시에서 농사를 지을 수 있게 된 것이다. 경기 광명시는 지자체 중 최초로 2009년 말 도시농업조례를 통과시켰다. '광명시 시민농업 활성화 및 지원에 관한 조례'는 전통농법과 자연순환 유기농법을 이용한 도시농업을 제안한 것이다.

이 시점에서 제주에서 일어나고 있는 새로운 '우영'공동체의 활동을 통해 '우영'의 현재적 지평들이 어떻게 확대되었는지를 살펴보는 것은 매우 의미가 있다. 임형백(2003)에 따르면 근대화론은 1960년대에 지배적인 패러다임으로 자리 잡은 이후 한국에 커다란 영향력을 행사해왔다. 그 과정에서 농촌과 도시의 공존을 모색하기 보다는 농촌을 전근대적인 공간으로 인식하고 일방적으로 도시화를 지향하여 왔다. 결국 농촌에 대한 이해와 관심의 결여, 도시화의 지향은 근대화론이 가져온 많은 위기에 직면하여 농촌과 도시의 공존을 위한 시대적 요청에 직면하게 되었다. 따라서 최근의 이런 실천들 속에서 '우영'의 전통이 새롭게 조명 받아야 하는 이유이기도 하다. 도시농업은 도시 안에 농촌을 구현하여 새로운 식량자원의 순환체계를 모색하여 새로운 사회를 열려고 하는 탈근대적 운동이다.

나오며

'우영'을 통해서 보려고 했던 것은 단순히 전통적인 유기농 농법을 보고자 한 것만이 아니다. 그것이 한 사회에서 갖는 의미를 파악하고자 한 것이며, 오늘날 먹을거리위기 앞에서 어떤 해결책을 제시해줄 수 있는지 살펴보고자 한 것이다. 일상에서 보여주는 훌륭한 시스템을 우리는 종종 무심히 지나치곤 한다. 그리고 새로운 거대한 무엇인가가 완벽한 체계로 나타나주길 바란다. 그러나 생활 속에서 몇 십 년, 몇 백 년 동안 축적되어오면서 다듬어진 생활이야말로 가장 훌륭한 순환체계일 것이다. 그런데 그런 것들이 붕괴되고, 사라지고 멀어지고 있다. '우영'이 어떤 순환체계를 가지고 있으며, 그것이 전통적으로 식량자급체계 형성에 어떻게 일조하였는가를 살펴보는 것은 우리의 자립능력을 더 키우는 일이 될 것이다.

제주에서는 아직도 폭락과 폭등을 거듭하면서도 환금작물이 가져다주는 일확천금의 미련을 떨쳐내지 못하고 있다. 그 사이 우리는 식품안전 면이나 자립체계에서 취약한 구조를 가지게 되었다. 오늘날 식품 안전 문제는 이전에 비해 훨씬 복잡한 양상을 띠고 있다. 김종덕(2001)에 의하면 이전에는 식품의 위험과 안전을 확인하는데, 감각에 주로 의존했으나, 오늘날은 그것이 가능하지 않다. 오염된 고기의 경우 외관이나 냄새에서 오염되지 않은 고기와 차이나지 않는다. 이전에 개인이 안전한 식품을 취사선택할 수 있었으나, 이제는 개인이 그렇게 할 수 있는 여지가 크게 줄었다. 심지어 식품안전을 과학적 권력과 익명적 권력에 의존하게 되었다. 그런 점에서 '우영'은 바로 내 옆에 있기에 감각에 의한 취사선택을 가능하게 한다. 신선한 것과 신선하지 않은 것을 생산자이자 소비자인 내가 골라낼 수 있으며, 복잡해진 식품안전 문제를 단순화시킬 수 있을 뿐만 아니라, 먹을거리의 안정화를 기할 수 있으며, 사회안전망의 역할도 기대해 볼 수 있다.

강양구, 2007, 『아톰의 시대에서 코난의 시대로』, 프레시안북.
김광억, 1994, 「음식의 생산과 문화의 소비」, 한국문화인류학회, 『한국문화인류학』 제26집, p. 7~50.
김종덕, 1995, 「미국의 대외정책에서 식량의 정치적 이용」, 한국산업사회학회, 『경제와 사회』 28권, p. 191~218.
―――, 1997, 『원조의 정치경제학』, 경남대학교 출판부.
―――, 2001, 「한국의 식품안전문제와 비정부기구(NGO)의 대응방향」, 한국농촌사회학회, 『농촌사회』 11집 2호, p. 193~219.
―――, 2003, 「WTO의 농업구조화: 문제점과 대안」, 한국농촌사회학회, 『농촌사회』 13권 1집. p. 239~261.
―――, 2005, 「미국의 먹거리 비방법연구」, 한국농촌사회학회, 『농촌사회』 15집 2호, p. 133~160.
―――, 2007, 「지역식량체계 농업회생방안과 과제」, 한국농촌사회학회, 『농촌사회』 17집 1호, p. 5~32.
―――, 2008, 「우리나라 로컬푸드 정책의 방향」, 지역사회학회, 『지역사회학』 제9권 제2호, p. 85~113.
김철규, 2006, 「한국농업체제의 위기와 세계화: 거시 역사적 접근」, 한국농촌사회학회, 『농촌사회』 16집 2호, p. 183~211.
―――, 2008a, 「기업식품체계와 먹거리 주권」, 2008년 한국환경사회학회 추계학술대회, 『먹을거리의 환경사회학』, p. 25~40.
―――, 2008b, 「한국의 농업위기와 대안농업: 팔당생명살림을 중심으로」, 한국농촌사회학회, 『농촌사회』 18집 1호. p. 7~42.
김흥주, 2004, 「슬로푸드운동과 대안식품체계의 모색」, 한국농촌사회학회, 『농촌사회』 14집 1호, p. 85~118.
―――, 2006, 「생협 생산자의 존재 형태와 대안농산물체계와 모색-두레 생협 생산자회를 중심으로」, 한국농촌사회학회, 『농촌사회』 제16집 1호, p. 95~142.
―――, 2008, 「생협운동과 지역먹거리체계: 풀무생협사례 연구」, 2008년 한국환경사회학회 추계학술대회, 『먹을거리의 환경사회학』, p. 57~70.
류정아, 1996, 「한국음식문화의 변화 양상과 여성」, 한국여성학회, 『한국여성학』, 제12권 2호, p. 155~190.
마귈론 투생-시마, 이덕환 역, 2002, 『먹거리의 역사』, 까치글방.
바츨라프 스밀, 허은녕 외 역, 2008, 『새로운 지구를 위한 에너지 디자인』, 창비.
박덕병, 2005, 「미국의 Local Food System과 공동체 지원농업(CSA)의 현황과 전망: 미네소타주 무어헤드시의 올드 트레일 마켓(Old Trail Market)의 사례 연구」, 한국 농촌사회학회, 『농촌사회』 15집 1호, p. 133~174.

박민선, 2001, 「생명공학을 통한 기업의 농업지배」, 한국농촌사회학회, 『농촌사회』 11집 2호, p. 221~241.

박민선, 2008, 「세계농식품체계와 식품안전-유전자조작 농산물을 중심으로」, 2008년 한국환경사회학회 추계학술대회, 『먹을거리의 환경사회학』.

박병삼, 2004, 「음식문화와 환경 그리고 그 반성과 대안」, 한국정신과학학회, 『한국정신과학학회』 제 9권 2호, p. 163~172.

오영주, 1999, 「제주향토음식 문화와 관광상품화 방안」, 제주학회, 『제주인의 생활문화와 환경(발표문)』. p. 47.

월든벨로, 김정현 역, 2008, 「만들어진 식량위기」, 『녹색평론』 통권 101호, 녹색평론사, p.148-159

윤병선, 2004, 「초국적 농식품 복합체의 농업지배에 관한 고찰」, 한국농촌사회학회, 『농촌사회』 14집 1호, p. 7~41.

──, 2007, 「일본 지산지소운동의 현황과 과제」, 한국 농촌사회학회, 『정기하계학술대회자료집』.

──, 2008a, 「로컬푸드 관점에서 본 농산가공산업의 활성화 방안」, 한국산업경제학회, 『산업경제연구』, 제21권 2호, p. 501~522.

──, 2008b, 「세계적 식량위기의 원인과 식량주권」, 녹색평론사, 『녹색평론』 통권 100호, p. 77~89.

──, 2008c, 「식품체계에서 로컬푸드 운동의 의의」, 2008년 한국환경사회학회 추계학술대회, 『먹을거리의 환경사회학』, p. 3~21.

──, 2008d, 「식량주권 회복의 길」, 녹색평론사, 『녹색평론』통권 101호(7-8월호), p. 137~147.

윤형근, 2009, 「로컬푸드운동과 시민사회운동의 재구성」, 제주생태도시연구소, 『제주지역 로컬푸드 아카데미 2009년 5-6월』.

이유진, 2008, 『동네 에너지가 희망이다』, 이매진.

임형백, 2003, 「농촌과 도시의 공존을 위한 인식론적 전환: 근대화론 비판」, 한국농촌사회학회, 『농촌사회』제13집 2호, p. 41~73.

전경수, 1992, 『똥이 자원이다』, 통나무.

정혜진, 2008, 「에너지위기시대, 긴급한 행동이 필요하다」, 녹색평론사, 『녹색평론』 통권 100호, p. 260~267.

제주도, 1976, 『제주도 통계연보』.

제주도, 1998, 『제주의 민속』5권.

제주도, 2009, 『제주어사전』.

제주도민일보, 2011, 1월 26일, 2월 14일, 3월 9일, 4월 27일 기사(http://www.jejudomin.cp.kr)

주영하, 2005, 「제주도 음식의 문화콘텐츠화에 대한 일고」, 제주대 탐라문화연구소, 『탐라문화』제

26호, p. 71~98.
한경구, 1994, 「어떤 음식은 생각하기에 좋다: 김치와 한국 민족성의 정수」, 한국문화인류학회, 『한국문화인류학회』제26집, p. 51~68.
함한희, 2008, 「일상식의 이마트화」, 『실천민속학연구』제II호.
허남춘, 2005, 「제주 전통음식의 사회문화적 의미」, 제주대 탐라문화연구소, 『탐라문화』제26호, p. 99~118.
허미영, 2005, 「유기농산물 소비에 대한 사회학적 접근」, 한국농촌사회학회, 『농촌사회』15집 2호, p. 45~83.
현용준, 2002, 「제주도의 기층문화에 대한 일고찰」, 『제주도 무속과 그 주변』, 집문당, p. 491~500.
현혜경, 2009, 「제주지역 로컬푸드 운동의 현황과 전망」, 제주대학교 탐라문화연구소, 『탐라문화』제35호, p. 107~140.
──, 2010, 「제주지역 생협조합원들의 로컬푸드(local food)에 대한 인식과 실천」, 제주대학교 탐라문화연구소, 『탐라문화』제36호, p. 261~299.
황달기, 2004, 「일본 농촌사회의 전통적 사회시스템의 붕괴와 재편: 촌락공동체를 중심으로」, 한국농촌사회학회, 『농촌사회』14집 2호, p. 207~246.
황익주, 1994, 「향토음식 소비의 사회문화적 의미: 춘천 닭갈비의 사례」, 한국문화인류학회, 『문화인류학』제26집, p. 69~93.
Halweil, B., 2004, Eat Here.(김종덕 외, 2006, 『로컬푸드: 먹거리-농업, 환경, 공존의 미학』, 시울.)
Harris, M., 1985, The Sacred Cow ane the Abominable Pig: Riddles of Food and Culture.(서진영 옮김, 1992, 『음식문화의 수수께끼』, 한길사.)
──, 1987, Food and Evolution, Temple University Press.
Ife, J., 2002, Community Developmemt.(류혜정(2005), 『지역사회개발』, 인간과 복지.)
Lappe, F. M., World Hunger: twelve myths.(허남혁(2003), 『굶주리는 세계: 식량에 관한 열두 가지 신화』, 창비.)
Levi-Strauss, 1968, L'Origine des manieres de table, Paris.(Eng. trans. The Origin of Table Manners, London, 1978.)
Sharp, J. and Imerman, E., and G. Peters. 2002, "Community Supported Agriculture(CSA): Building Community Among Farmers and Non-Farmers", Journal of Extension 40(3).
Shiva, V., 허남혁 역, 2000, 『자연과 지식의 약탈자들』, 당대.
Singer, P& Mason, J., The Ethics of What We eat(함규진(2008), 『죽음의 밥상』, 산책자.)
Singer, P., 1975, Animal Liberation.(김성한(1999), 『동물해방』, 인간사랑.)
Solbrig, Otto T. & Dorothy J. Solbrig, 1994, So Shall You Reap: Farming and Crops in Human Affairs,

Washington D.C. Island Press.

Welsh, R., 1997, "Reoranizing U.S. Agriculture", Policy Studies Report No 7. Greenbelt, Maryland: Henry A. Wallace Institute for Alternative Agriculture.

chapter 4
제주지역 로컬푸드 운동

*제주대학교, 「탐라문화」 제35호(2009)에 실린 글을 수정하여 실음

들어가며 /

이론적 자원 및 연구방법 /

제주지역 로컬푸드 운동의 현황과 전개 /

제주지역 로컬푸드 운동의 특성 및 사회적 함의 /

나오며 /

η Θεσσαλονίκη
Ξηροι Καρποι - Ζαχαρωδη
Σωτηρη Δ. Αραμπατζη

Παραδοσιακος χαλβας
ΚΥΡΓΙΩΝ
ΔΡΑΜΑΣ
ΑΦΟΙ ΠΑΠΑΔΟΠΟΥΛΟΙ

Ξηροι καρποι η ΘΕΣΣΑΛΟΝΙΚΗ

들어가며

제주의 먹을거리 풍경과 그 순환체계에 관심을 가질 수밖에 없는 것은 세계적인 먹을거리 안전성 문제와 세계식량체계문제에서 비롯되었다. 오늘날 먹을거리 안정성 문제와 세계식량체계(global food system)의 확산 속에서 먹을거리 주권에 대한 관심은 '로컬푸드와 로컬푸드 운동'에 대한 관심의 확대로 나타나고 있다. 전세계적으로 1980년대를 기점으로 일어난 슬로푸드 및 로컬푸드 운동은 이제 하나의 중요한 사회운동의 한 흐름이 되고 있으며 대안적인 사회운동의 모델로 실험되어지고 있다.[1] 한국사회에서도 1990년대 말부터 일어나기 시작한 로컬푸드 운동은 기존의 지역사회운동과는 다른 맥락을 보여주며 사회운동 전반에 대한 새로운 틀을 제시하고 있다. 이 장은 오늘날 제주사회에서 이루어지고 있는 로컬푸드 운동에 대해 살펴보고 있다.

'로컬(local)'을 지역으로 상정한다면, 한국에서 지역과 관련하여 일어난 운동은 도시운동 및 농촌운동 등으로, 주로 지역의 산업구조와 계층구조의 불평등을 다루는 것으로 나타났다. 그러나 21세기에 들어서면서 지역사회운동의 가장 본질적이고 주체가 되는 지역사회의 존재 여부 자체에 대한 의문이 일어나기 시작하였으며, 이는 지역사회의

---

[1] 1990년대 초반 먹을거리를 대부분 수입에 의존하던 쿠바는 사회주의 권력의 붕괴가 시작되고 미국으로부터 봉쇄조치를 당하자 먹을거리 위기에 직면하였다. 이에 대항해 쿠바는 도시의 공터에 직접 농사를 짓는 방법, 즉 로컬푸드 정책 '어바나(Urbana)'를 통해 위기를 극복하였다. 비단 제3세계 국가만이 아니다. 일본을 비롯해 이탈리아, 미국, 영국, 캐나다 등 전세계적으로 로컬푸드 운동이 전개되고 있으며 사회제도와 정책으로 모색되어지고 있다. 한국의 지역사회에서도 제주, 전남, 강원, 천안 등 여러 지역에서 붕괴된 전통음식과 농업, 그리고 지역공동체를 살리는 '로컬푸드 운동'이 시작되고 있다.

재구조화에 대한 인식의 확장으로 나타났다. 그 과정에서 '로컬푸드 운동'이 새롭게 모색되고 있다.

한국의 로컬푸드 운동은 단지 먹을거리의 안정성과 식량주권만이 아니라, 20세기 후반에 붕괴된 지역사회의 재구조화와 인간 신뢰관계를 회복하는 일 등 공동체 복원 속에서 모색되어지고 있다. 겉으로는 지역산 먹을거리 및 제철 먹을거리를 통해 대면관계를 회복한다는 슬로건을 가지고 있지만, 그 기저에는 20세기 후반의 도시화 및 산업화에 의해 붕괴된 지역사회를 재건하고자 하는 열망이 내재되어 있다. 때문에 한국의 로컬푸드 운동을 단지 표면적인 형태인 지역산 먹을거리로 한정하여 해석하는 것은 신토불이와 같은 민족주의를 재강조하거나 폐쇄적 지역성을 강조하는 운동으로 평가절하 하여 해석할 수 있다.

그런 점에서 현재 일어나고 있는 지역사회의 재구조화와 로컬푸드 운동의 관계를 보다 세밀히 분석하는 일은 로컬푸드 운동에 대한 제한된 인식을 넘어설 수 있게 한다. 특히 로컬푸드 운동은 기존의 사회운동과 달리 어떻게 일상의 먹을거리를 통해 지역사회를 재구조화할 수 있는 지를 보여주는 탈근대적이면서 총체적인 지역사회운동이라 할 수 있다. 여기에는 기존과 다른 운동의 주체, 운동 목표, 자원동원의 형태를 보여주며, 더 나아가 신자유주의 체제에 의해 동질화되는 힘들(homogenizing forces)에 맞선 현사회의 총체적 대안 운동이 지역적 차원에서 어떻게 전개되고 있는지를 보여준다.

한국에서 '로컬푸드 운동'이라 불릴만한 행동들은 제주사회에서 선구적으로 목격되었는데, 제주에서 로컬푸드 운동은 1990년대 말부터 제주생활협동조합을 중심으로 시작되었다. 그리고 2005년 한국사회에서는 처음으로 친환경급식조례가 만들어져, 학교급식에서 로컬푸드 운동의 중요성이 언급된 최초의 사례로 주목받기도 하였다.

그러나 그간 제주사회에서 있었던 로컬푸드 운동의 개념을 비롯해 현황, 운동 목표,

자원동원 등이 제대로 알려진 적이 없다. 그것은 먹을거리의 문제를 단지 물질적인 것으로 한정짓고, 자연과학의 한 분야로 여겨온 오랜 습관과 더불어 인문사회과학 분야에서는 등한시 한 경향이 있어왔다. 특히 관광지라는 특수성으로 인하여 로컬푸드라고 하는 것이 미각적 측면이나 시각적 측면 등 관광 및 외식산업의 측면에서만 주로 다루어져왔다.

좀더 구조적인 문제로 접근한 것은 환금작물로서의 전망 속에서 로컬푸드를 바라본 농업경제적 측면이었다. 그러나 이 경우도 거의 대부분 근대적이고 세계화되고 있는 농식품업 유통망 속에서 어떻게 로컬푸드가 경쟁력을 가질 것인가에 골몰해 있었지, 로컬푸드 이면에 존재하고 있는 탈근대적 모습이나 지역사회 재구조화 문제를 포착해내지 못하였다. 이런 문제들은 전적으로 로컬푸드에 대한 인문사회학적 사고의 확장을 요구하고 있다.

그런 점에서 이 글은 로컬푸드에 대한 관심과 관련하여 제주지역의 로컬푸드 운동의 현황을 살펴보고 드러나는 특성과 사회적 의미, 한계, 그리고 지역사회의 재구조화 문제와 관련하여 전망해보고자 하였다. 현재 로컬푸드 운동과 관련된 지역 연구에서의 논의는 매우 제한적이거나 거의 전무한 상태로, 이러한 작업은 현 시점에서 매우 중요한 일이라고 여겨진다.

제주 한살림 매장

144 제주 먹을거리 풍경

이론적 자원 및 연구방법

로컬푸드 운동의 개념과 연구대상

　로컬푸드와 관련된 개념은 통상적으로 '지역산 먹을거리' 혹은 '제철 먹을거리', 혹은 '친환경 먹을거리'로 규정하고 있다. 이외 전통음식, 혹은 향토음식으로 번역하여 쓰는 경우들도 있다. 한국사회에서는 로컬푸드를 전통음식이라는 시간적 정의와 향토음식이라는 공간적 정의가 혼용된 가운데, '제철에 나는 친환경적 지역산 먹을거리'로 규정하고 있다. 그렇다고 로컬푸드를 지역먹을거리라는 공간적 혹은 제철 먹을거리라는 시간적 의미로 한정시키는 경향은 현재 일고 있는 로컬푸드 운동을 설명하기에는 한계가 있다.[2]

　'로컬'이란 개념에는 일정한 공간적 거리를 넘어서는 정치·사회문화적 개연성이 함축되어 있다. 만일 로컬푸드라고 하는 것이 운동적 성격을 결합하였을 때 이 개념은 매우 확장되며 포괄적인 사회적 개념으로 드러난다. 즉 로컬푸드 운동의 지향점은 먹을거리의 안전성을 포함하여 세계화되는 식량체계에 대한 저항 및 근대 산업화의 모순과 왜곡에 대한 대항적 의미를 함축하고 있어 로컬푸드 운동을 단지 제철 먹을거리 운동 혹은 유기농 먹을거리 운동 혹은 지역산 먹을거리 운동으로 단순 개념화해서 사용

---

2 김종덕(2009)은 로컬푸드를 지역식량체계에서 유통되는 먹을거리로 규정하고 있다 그에 따르면 지역식량체계는 세계식량체계와 달리 생산자와 소비자가 연결되어 있으며, 식량의 지역생산과 지역소비를 특징으로 하는 식량체계이다. 이런 로컬푸드는 지역소비자와 인접한 곳에서 지역소비자를 위해, 지역소비자의 욕구를 반영한 생산이 이뤄져, 소비자들이 생산과정을 투명하게 알 수 있고, 소비자들의 건강과 지역사회의 신뢰 형성에 기여한다는 것이다.

하는 것은 로컬푸드 운동의 현상을 해석하는데 있어 축소시킬 우려가 있다.

뿐만 아니라, 이전의 운동과 달리 정치적 투쟁 목표보다는 안전한 먹을거리 체계 확보 등 일상의 목표를 운동의 목표로 삼는 것을 비롯해, 자원동원 면에서도 기업적 혹은 조합적 성격의 자발적 소비자 조직을 구성하여 자원의 리사이클 구조를 생성해 낸다는 점과 그것을 위해 지역공동체를 복원하고자 하고 있어 로컬푸드 운동이라고 하는 개념에는 먹을거리를 통해 총체적인 근대사회의 모순을 해결하고자 하는 자발적·조직적 활동이라고 정의할 수 있다. 따라서 이 글은 로컬푸드 및 로컬푸드 운동의 개념을 더욱 정교하게 다듬기 위해서는 로컬푸드의 개념에 대해 유연성을 두고 있다.

이 글은 이러한 개념적 정의 위에 연구 대상을 제주지역사회에 한정시켜, 먹을거리를 통해 어떻게 총체적 근대사회의 모순을 해결하는지를 먹을거리라는 독립변수와 지역사회재구조화라는 종속변수를 연결지어 살펴보고 있다. 현재 이러한 운동을 시행하고 있는 제주지역의 단체들은 매년 증가추세이지만, 가장 활발히 활동을 하고 있는 단체들은 생활협동조직들을 비롯해, 급식연대 등이다. 물론 농협 등 관변조직에서도 이러한 로컬푸드에 관심을 가지고 있지만, 그것은 사회운동의 차원이라기보다는 유통판로를 개선하는 차원에 머물고 있어서 대상에서 제외하였다. 다만 새롭게 모색되고 있는 사회적 기업은 지역의 로컬푸드와 관련하여 연계성을 갖고자 함으로 대상에 넘어 살펴보고자 하였다.

로컬푸드 운동의 이론적 자원

음식문화와 관련된 이론은 인류가 형성된 이래 오랫동안 논의되어온 주제이며, 오래된 논쟁 중의 하나는 음식문화가 자연환경과 같은 유물론적 입장에 의해 좌우되는가? 아니면 사회적인 문화상징체계에 의해 좌우되는가 하는 것이었다. 전자가 인구증감 및 생태적 관점에서 최적 먹이 이론을 이용해 음식문화를 설명하는 입장이라면 후자는 음식문화가 가지고 있는 정치성에 주목한 것이다.[3] 그럼에도 대표적인 두 논쟁은 음식문화를 사회유지의 필수적인 것으로 보았다는 점에서 기능적 관점을 유지하였다는 공통점을 가지고 있다. 근대 사회에 들어서면서 이런 음식문화에 대한 논쟁은 양자를 타협하는 관점에서 봉합되었으며, 20세기 들어 음식에 대한 민족지 구축과 사회사 연구는 인문사회과학의 관점에서 음식문화를 바라볼 수 있는 토대를 마련하였다.

그러나 이런 먹는 행위가 운동과 결합되고, 하나의 탈근대적 현상 및 차세대 사회 동력으로 나아가고 있는 지점에서 21세기 음식문화 연구는 '로컬푸드'에 대한 관심으로 환원된다. 현재까지 로컬 푸드에 대한 세계적 관심 및 연구는 주로 농업의 세계화 및 근대적 식생활에 따른 식량위기의 연구에서 출발하여 환경문제 및 윤리적 실천의 문제를 논하는 대안적 방향으로 이뤄지고 있다.

핼웨일(Halweil, 2006(2004))과 시바(Shiva, 2000)가 전자의 입장에 근거해 생물 종 다양성의 파괴와 글로벌 기업의 생명공학이 세계적 위기를 초래한 원인을 밝히는데 집중하였다면 리피츠(Lipietz, 2002)와 싱어(Singer, 1999(1975); 2008) 정치적 의식화와 식생활에서의 실천 윤리학을 제시함으로써 후자의 입장에 주력하였다.[4] 나아가 라페(Lappe, 2003)는 굶주림을 생존과 직결된 중요한 인권문제로까지 인식하였다. 배리(Barry, 2004)는 이론적 차원에서 접

---

[3] 전자의 대표적인 학자는 마빈 해리스(Harris, 1987; 1992(1985))이며, 후자의 대표적인 학자는 레비-스트로스(Levi-strauss, 1978(1968)) 등이 있다.

[4] 싱어(Singer)는 인류가 투명성, 공정성, 인도주의, 사회적 책임, 필요성 등 다섯 가지의 윤리적 원칙을 세우고 음식을 먹을 것을 제안하였다.

근하여, 계몽주의부터 최근의 사회이론까지 역사 속 사상가들이 자연과 환경을 어떻게 보아왔는지를 점검하면서 인류의 직면 과제인 환경문제를 극복하기 위해 어떠한 이론을 발전시켜야할 지 분석하였다.

이와 달리 지역사회재구조화와 연결지어 본다면 아이프(Ife, 200)의 논의는 로컬푸드 운동을 설명함에 있어 주목할 만하다. 그는 21세기 대안기제로 지역사회에 주목하고 있는데, 현재 지역사회 존재 여부에 대한 의문을 품고는 생태학적 사회정의적 차원에서 지역사회가 재건되어야 하며, 그 재건방식에는 사회운동가를 비롯해 시민들이 아래로부터 시작되어야 함을 역설하였다. 이러한 인식의 기반들은 로컬푸드 운동의 확대된 맥락을 설명하는데 매우 유용하다.

한국의 경우, '로컬 푸드'에 대한 연구는 전통적인 측면에서 지역의 전통음식에 대한 민족지 구성이나, 향토음식을 통한 지역 외식산업의 성장과 관련하여 로컬푸드를 바라보는 입장이었으나, 최근에는 시민운동 차원에서 지역사회를 재구조화 하는 매개체로서 식재료를 포함한 식문화 등 포괄적 관심으로 나타나고 있다. 한국에서의 '로컬 푸드'에 대한 학문적 관심은 아직 활성화되지 못하였지만, 학교급식, 농민장터, 지역 활성화, 환경운동 등과 같은 시민운동으로 활성화되고 있다. 현재 로컬 푸드에 대한 시민운동이나 학문적 접근은 농업문제를 가장 중요한 로컬 푸드의 연구 축으로 삼아야 함을 역설하고 있다. 대표적인 학자로는 김종덕(1997; 2003; 2006; 2007; 2008)과 허남혁(1999), 박진도(2008), 윤병선(2007; 2008), 김흥주(2004; 2006; 2008) 등이 있다.

허남혁(1999)은 정치생태학적 관점에 관심을 갖고, 먹을거리와 농업의 문제를 살펴보고 있다면, '사람'의 문제에 집중하고 있는 연구자는 박진도이다. 박진도(2008)는 농업과 농촌의 가치를 적극적으로 평가하고 그것을 농촌의 삶에서 실현해보려는 사람들에 주목한다. 그는 이들이 농촌의 주체가 되어 다양한 실천을 전개할 때, 비로소 '성장 동맹'에 맞선 대항세력이 만들어질 수 있다고 지적한다.

반면 시스템에 관심을 가진 사람은 김종덕이다. '맥도널드화'와 '슬로 푸드' 개념을 한국 사회에 소개한 적이 있는 그는『슬로 푸드 슬로라이프』에서 빠른 생활이 우리의 존재 방식을 변화시키고 있고, 우리의 환경과 경관을 위협하고 있음을 이야기하면서 '슬로 푸드'와 '슬로 라이프'를 주장하고 있다. 또한 지역식량체계에 관심을 기울여 '로컬푸드 시스템'의 확립을 역설하였다(김종덕, 1997; 2003; 2006; 2007; 2008).

많은 지식인들이 농촌사회에 대한 관심을 끈 상태에서 이들의 연구는 농촌사회를 활성화시키려는 대안적인 연구이다. 이외에도 로컬푸드연구회를 비롯해 새로운 연구들이 일어나고 있지만, 로컬 푸드에 대한 학문적 연구는 현재 해외 사례의 소개나 기초 조사 정도에 머물고 있어 심도 있는 로컬푸드 개념 정의 문제나 실천적 윤리학의 문제, 구체적인 지역 '로컬 푸드운동에 대한 연구는 아직 진척되고 있지 못하다.

연구방법과 자료

연구를 위해 문헌조사와 현지조사 등의 연구방법을 선택하였다. 현재 제주지역에서 실행되고 있는 로컬푸드 운동에 대한 연구는 거의 없다. 신문자료 등에 몇몇 단체들의 활동이 소개되어 있을 뿐이다. 따라서 로컬푸드 운동을 주도하고 있는 단체들의 정관 및 활동내역을 포함해 현지조사를 병행할 수밖에 없다. 1차적으로는 한국 및 제주사회에서 로컬푸드 운동에 대한 사례를 분석한 문헌조사와 자료수집, 현지조사를 병행하였으며, 그 과정에서 로컬푸드 운동을 주도하고 있는 주체들과의 면담을 통해 로컬푸드 운동의 목표와 내용, 자원동원 등에 대해서 살펴보았다. 현재 로컬푸드 운동을 분석하는 틀이 연구되어진 적은 없다. 향후 새로운 이론적 모델을 기대해 볼 수 있겠지만, 이 글에서는 개괄적 수준에서나마 제주지역 로컬푸드 운동의 현황과 특성, 사회적 의미 등을 살펴보고자 하였다.

제주지역 로컬푸드 운동의 현황과 전개

제주지역의 생활협동조합

'생활협동조합(이하 생협)'이란 말은 정확히 표현하자면 '소비자생활협동조합'이다. 이 생협이란 단어의 사용과 기원에 대해서 icoop 생협은 '일제침략기인 1920년대 민중들이 자발적으로 조직한 협동조합인 소비조합운동에서 비롯된 것'이라고 밝히고 있다.[5] 소비자들이 조직한 협동조합은 소비조합, 구매조합, 소비자협동조합이라고 불리다가 1990년대 들어와서 소비자생활협동조합이란 명칭으로 정착하게 되었다. 세계적으로는 소비자협동조합(consumer cooperative)라고 하지만, 한국과 일본에서만 '생활협동조합'이라고 부르고 있다.

원래 생활협동조합이라는 명칭은 1945년 일본에서 사용되기 시작하였는데, 당시 소비조합운동을 주도하던 활동가들이 소비조합이란 단어가 소극적인 의미를 표현한다며, 좀 더 생활 속에 깊게 침투된 대자본의 횡포를 적극적으로 극복하기 위해 '생활'이란 명칭을 추가하면서 소비자생활협동조합이란 단어로 탄생하게 된 것이다.[6] 이후 일본은 1948년 소비생활협동조합법을, 한국에서는 1998년 '소비자생활협동조합법'을 두게 되었다. 다만, 거의 모든 나라에서 시민들의 생활에 필요한 생활물자를 취급하는 소비자

---

[5] 아이쿱(icoop)생협 홈페이지(http://www.icoop.or.kr/)를 참조하였다.
[6] 위와 상동

협동조합이 존재하는데, 친환경농산물만 취급하는 소비자협동조합은 한국의 생활협동조합이 거의 유일하다.

한국의 경우 일제강점기와 1970년대까지는 서민들에게 필요한 생활물자를 취급하는 활동들을 펼쳤으나, 1980년대 후반부터 재건된 생활협동조합은 직거래 친환경농산물을 주로 취급하는 활동을 펼쳐왔다. 특히 신자유주의에 따른 초국적 기업과 투기 자본들이 영구적 식량지배체제를 강화하는 과정에서 나타난 광우병, 유전자 조작 동식물 등의 비인간적 생산체제에 대응해 소비자를 조직화한 소비체제를 통해 대안생산체제 및 생활세계 전반을 새롭게 조직하려는 경향이 한국사회에서 강하게 자리하게 되었다. 따라서 한국의 생협들은 자본의 독점으로 피폐해진 노동자 및 서민들의 일상을 지키기 위하여 독점타파에 대해 먹을거리를 근간으로 소비자들의 조직화 및 일상을 재구조화 하는 운동 경향을 띠었다.

더욱이 IMF를 전후로 한국의 경제 주권이 급속히 신자유주의와 세계화의 물결 속에 편입되면서 지역의 많은 생협들도 경영실패로 파산 위기에 몰리게 되었는데, 이때 새롭게 모색된 것이 사업연합을 통한 재건, 즉 생협연대였으며, 이후 지역단위를 기반으로 한 전국적 생협조직이 형성되었다. 대표적인 생협조직이 한살림, 아이쿱(icoop) 같은 생협조직들로, 아이쿱의 경우 70여개의 지역에, 한살림의 경우 20여개의 지역에 지역생협들이 분포해 있다.

현재 제주지역에서도 전국단위의 생활협동조합이 설치되어 있는데, 제주지역에서 가장 먼저 생겨난 생협은 1999년에 설립된 '제주생협'이다. 그 다음으로 생겨난 생협은 '한살림 제주'로 2008년 5월에 제주에 설립되었다. 나머지 생협들은 2009년 이후에 설립되었다. 이들도 대부분 먹을거리를 기반으로 지역에서 활동하고 있다. 제주지역에서는 '제주생협'과 '한살림 제주'가 양대 산맥을 이룬다. 이 두 개의 조직 구성원은 2009년 기준 1천여명 가량 된다. 이 절에서는 이 두 생협을 중심으로 제주지역의 생협활동에 대해서 살펴보고자 한다.

우선 '제주생협'의 역사는 1996년부터 거슬러 올라가 살펴볼 수 있다. 그 당시 '우리 농모임'이란 조직이 생겨나 조합원을 모집하고 있었는데, 1997년 '제주생활협동조합 설립준비위원회'가 발족되면서 이후 '우리 농모임'과 '제주생활협동조합 설립준비위원회'가 통합되어, 1998년 '제주 푸른생활협동조합'으로 창립하게 되었다. 이것은 '제주생협'의 전신으로, 1999년에 재창립되면서 비영리법인인 '제주소비자생활협동조합'으로 창립하게 되었다.

'제주생협'은 직거래 사업, 교육사업, 생활문화운동, 유대활동 등의 사업을 펼쳐왔으며, 무농약 유기농산물 및 환경제품을 중심으로 '생명 있는 먹을거리'를 생산, 가공하여 직거래 방식으로 공급하는 '직거래 사업'과 조합원들에게 필요한 생활정보 제공과 생활공동체운동의 의미와 뜻을 전수하는 '교육사업', 조합원들이 새로운 생활문화 활동을 펼칠 수 있도록 '프로그램 개발 운영', 그리고 생산공동체와 환경단체 등과의 연대를 통해 운동을 확산시키는 '유대활동' 등 크게 네 가지 영역의 사업들을 펼쳐오고 있다.

'한살림 제주'의 경우 2005년부터 생태 텃밭 운영, 생산자와 소비자의 만남, 공개 강좌 등을 실시하면서 3년간의 준비 끝에 2008년에 한살림 제주를 창립하게 되었다. '한살림 제주'의 중점 활동 목표는 "지역과 함께! 주민과 함께 모두를 위한 한살림 제주!"라는 슬로건 아래 '좋은 소비' 생활운동을 비롯해 생활공동체 만들기, 소통과 연대를 통한 한살림 가치 확산 등의 사업을 진행해 오고 있다.

'제주생협'과 '한살림 제주' 모두 가장 기본적인 운동은 친환경-유기농산물 직거래 운동이다. 그리고 이 직거래를 위한 매장들이 존재한다. 또한 직거래는 생협에 조합원으로 가입된 소비자를 중심으로 조직적으로 이루어진다. 물론 전국단위의 생협들이 이 운동을 기본적인 운동의 방향으로 삼고 있지만, 제주지역의 경우는 이것이 로컬푸드 운동으로 확산되는 과정에 있다는 것이다. 그러한 사례는 제주지역 친환경학교급식 운동과도 연관된다.

친환경 우리농산물 학교급식 제주연대

제주지역은 2005년 전국에서 처음으로 친환경 우리 농산물을 학교 급식에 제공하는 조례를 만들었다. 제주지역의 초등학교는 1994년부터, 중고등학교는 1996년부터 완전급식을 시행하고 있었으며, 거의 대부분의 학교가 직영급식을 운영하고 있었다. 이때도 전국 최초로 학교 급식 시설을 완비하고 직영체제로 운영하고 있었는데, 이러한 기반은 이후 전국 최초로 친환경급식조례를 제정하고 친환경 급식을 실시할 수 있는 기반이 되어주었다.

친환경 급식 조례를 제정하기까지 중학교 교사, 학부모, 학생들의 노력이 시발점이 되었다. 2003년 제주시 아라중학교는 직영급식에 이어 학교운영위원회를 중심으로 '친환경유기농급식준비위원회'를 결성하였다.[7] 그리고 친환경 급식을 위한 '초록학교' 및 '초록농장'을 운영해 학부모와 교사, 학생들이 직접 생산한 친환경 야채로 2003년 11월 3일 전국 최초로 친환경 급식을 시작하였다.

이런 시도는 이후 제주지역 전교조을 비롯해 종교계, 시민사회 단체들을 움직여 '제주지역 시민사회 단체 확대 대표자 회의'를 개최하게 하였으며, 2003년 6월 55개 시민사회단체가 참여한 '친환경우리농산물 학교급식연대(이하 친환경급식연대)준비위'가 발족하

---

[7] 이때 아라중학교 학교운영회원회는 전교조와 함께 '학교와 1차 산업의 아름다운 만남을 위하여'라는 주제로 연수를 갖기도 하였다.

였다. 이때 '자라나는 우리 아이들에게 안전한 먹거리를 제공하고 죽어가는 우리 농촌을 살리며, 나아가 자연과 인간이 상호 공존공생하는 세상공동체를 건설하자는'는 것이 슬로건이었다.

그러나 친환경 급식은 돈이 많이 들었다. 따라서 제도적 지원을 받기 위해 조례 제정 운동에 들어갔다. 친환경급식연대는 2003년 11월 21일 친환경급식조례제정을 위한 도민발의를 선포하고, 제주 전역에서 조례제정 청구 서명에 돌입하였다. 2개월 만에 법적 요건인 7,800명을 넘는 1만 1천여명이 서명, 2004년 제주도의회에서 의결되어 전국 최초로 친환경급식조례가 만들어졌다. 그리고 해당교육청과 지방자치단체, 정부의 지원이 이어졌다. 당시 관광복권을 발행한 제주도는 복권발행 수익금의 상당액을 학교급식소 시설에 투자하였다. 또 제주도청 예산 69억원 이상을 교육청에 전출시켜, 학교급식소를 지을 수 있게 하였다.

이 과정에서 어려움도 많았다. '우리 농산물을 사용해야 한다'라는 조례 문구가 관세와 무역에 관한 일반협정(GATT)위반이라며 행정자치부가 수정을 지시하였다. 제주도는 제주도의회에 '우리 농산물'이라는 문구를 빼달라고 요구하였지만, 제주도의회는 이를 거부하였고, 조례는 원안대로 공포되었다. 대법원에 조례제정 무효 가처분 소송을 제기하겠다던 행정자치부도 방침을 철회하였고, 2005년부터 제주도에서는 친환경급식조례가 시행되었다.[8]

조례가 제정됨에 따라 학교급식지원심의위원회가 구성되어 '친환경 우리 농산물 학교 급식 지원계획'이 수립되었다. 〈표 2〉처럼 제주지역 초·중·고등학교를 대상으로 2005년에는 10% 2006년에는 30%로 점차 확대한 후 2007년부터는 모든 학교에 우리 농

---

[8] 오마이뉴스(2006년 7월11일 자) 기사를 참조하였다.

산물로 학교 급식을 제공하고 있다. 그리고 여기에는 수십억의 예산이 편성되었다.

이러한 친환경급식은 제주의 농업에 새로운 희망을 안겨주는 성과를 낳았다. 유통이나 판로가 마땅치 않아 친환경 농업에 손을 대지 못하고 있던 농민들에게 친환경 급식은 새로운 시장이 되었다. 학교라는 큰 소비처는 친환경 및 지역농업 생산자의 수입과 생산체계를 안정화시킬 수 있는 중요한 매개자 역할을 하였다. 물론 문제가 전혀 없는 것은 아니다. 아직 친환경 농산물 공급체계가 확실하지 않아 친환경농민들 사이에서 '부익부 빈익빈'문제가 발생하고 있다. 공급 유통망이 제대로 확립되어 있지 않아 급한 대로 농협을 유통망으로 선정한 결과, 농협의 친환경농업작목반에 속하지 않은 나머지 농가들이 소외되었다.

그럼에도 2003년 한 중학교에서 시작된 친환경 급식 운동은 농업을 제주도 전략 산업으로 바꾸는 수준으로까지 나아가고 있다. 제주특별자치도의 핵심산업 발전 전략에도 관광과 교육, 의료산업만이 대상이 되었을 뿐, 농업은 제외되어 있었다. 하지만 친환경급식으로 친환경 농업에 눈을 돌리기 시작한 농축수산인들과 도민들은 '친환경 농업'을 제주의 핵심 산업으로 채택할 것을 요구하였고, 결국 2005년 정부와 제주도 이를 수용, 친환경 농업 육성을 제주의 핵심 산업으로 채택되었다.[9]

〈표2〉 조례 제정 이후 '친환경 우리농산물' 학교 급식 지원 규모[10]

년도	학교수(개교)	인원(명)	지원액(원)	비고
2005.3.2	29	11,295	10억	시범운영 개시
2006.3.2	97	32,142	20억	2단계 시범 실시
2007.3.2	197	71,002	35억	본 사업시작
2008.3.2	225	76,700	37억5천만	-
2009.3.2	253	91,155	46억4천5백만	-

로컬푸드 운동의 입장에서 보면 '친환경 우리 농산물 학교 급식'은 단지 아이들에게 최선의 재료를 제공함으로써 건강하게 자라는 것뿐만 아니라, 학교에서 이뤄지는 농사체험, 향토 요리 실습, 식교육 등을 통해 생활전반을 개선하고, 더 나아가 일정 규모의 지역 학교를 대상으로 안정적인 소비처를 확보함으로써 친환경 농업 생산자의 수입을 안정화시킬 수 있는 지역사회 재구조와 연결된다고 볼 수 있다.[11] 특히 이런 점에서 로컬푸드 운동은 생산자들을 교육시키고, 환금작물로 고착화된 제주지역의 농업구조를 변화시키는 어려움이나 모험보다는 소비자들을 교육시키고, 소비를 통한 생산의 변화를 유도하는 것이 훨씬 더 현실 가능한 것으로 모색되어지고 있다는 점이다. 이런 점에서 학교만이 아니라, 기업의 사회적, 환경적 책임을 지역 먹을거리와 연결함으로써 농촌 사회의 재구조화를 모색하고 있다.

사회적 기업

생협 조직이 윤리적인 소비자를 통해 생산을 바꾸고, 지역사회를 바꾸고자 한다면, 이제 생산을 담당하고 있던 기업도 착한 기업의 시대를 요구받고 있다. 그런 가운데 최근에 전세계적으로 확산되고 있는 기업 중에 하나가 사회적 기업이다. 물론 한국 및 제주지역에서도 사회적 기업에 대한 관심은 급속히 증대되고 있다.

9 각주 8과 상동
10 '친환경 우리 농산물 학교 급식 제주연대(http://www.jejugreen.net/)'에서 밝힌 내용을 필자가 도표로 재구성한 것이다.
11 2009년 2월 창립한 '아이건강 제주연대'도 그런 목적을 수반하고 있으며, 아이들의 먹을거리를 통해 환경, 건강, 생활 전반에 대한 개선을 주도하고 있다.

사회적 기업(Social Enterprise)이란 사회적 목적을 추구하고 이를 위해 수익창출 등 영업활동을 수행하는 조직으로 대개 일반적 기업은 이윤을 추구하나, 사회적 기업은 취약계층에게 일자리나 사회서비스의 제공 등 사회적 목적을 추구하는 비영리 조직과 영리기업의 중간형태의 기업이다. 한국에서는 2005년 노동부, 관계부처, 민간전문가 등으로 구성된 사회적 일자리 T/F팀이 꾸려진 후 2007년에 사회적 기업과 관련 된 법규정들이 시행되었다.[12]

이 사회적 기업의 태동은 전 세계적인 경제 불황과 관련 있다. 1980년대 이후부터 지속된 경제성장의 둔화와 산업구조의 변화에 따른 민간부분의 고용창출능력 저하, 그에 비해 급속히 이뤄지고 있는 고령화와 가족구조 변화에 따른 사회 서비스 수요의 증가는 부족한 사회서비스 공급확대를 통해 고용창출을 모색하는 방법으로 사회적 기업의 육성이 시작되었다.

사회적 기업은 취약계층에게 사회서비스 또는 일자리를 제공하여 지역주민들의 삶의 질을 높이는 것을 수행하기 위해 재화 및 서비스의 생산과 판매 등 영업활동을 수행하는 기업이다. 주주나 소유자를 위한 이윤극대화를 추구하기 보다는 우선적으로 사회적 목적을 추구하기 때문에 사회 서비스 사업 또는 지역공동체에 다시 투자하는 기업의 형태를 띤다. 이제 성장지상주의 기업에서 사회가 함께 하는 지속가능한 형태의 기업문화를 요구하고 있는 것이다.

이런 사회적 기업의 문화는 '착한 소비'를 유도하도록 설계되어졌다. 여기서 '착한 소비'란 윤리, 환경적으로 올바른 생산 방식을 채택한 기업이 생산한 제품을 소비하는 것을 말한다. 앞서보았던 생협조직이 윤리적인 소비자를 조직해, 윤리적 생산자의 상품

---

[12] 사회적 기업 홈페이지(http://www.socialenterprise.go.kr/company/company01.php)를 참조하였다.

만을 소비하겠다는 것에 대응해 윤리적 생산을 하는 사회적 기업의 생산품을 사용하는 축이 맞물린다고 보아야 하겠다.

이런 사회적 기업의 종류와 형태는 다양하며 늘어나는 추세로, 사회적 기업 육성법 제정 이후 전국적으로 관련 조례 제정들이 나타나고 있다. 현재 전국에서 활동 중인 노동부 인증 사회적 기업은 244개(2009년 5월 28일자 기준)이다. 이 중 제주에는 7개의 사회적 기업이 존재하고 있다.

2009년 기준 제주에서 수행되고 있는 사회적 기업은 평화의마을, 마로원, 제주YWCA, 제주사회적 일자리 지원센터, 유한회사 클린서비스 보금자리, 직업활동센터 일 배움터, 사회복지법인 청수아리랑 김치, 유한회사 행복나눔 푸드 등이 있다. 이중 2개 업체는 음식과 관련된 기업이다. 특히 제주에서는 감귤, 꽃 같은 지역 특색에 맞는 아이템뿐만 아니라, 로컬푸드 및 지역사회 재구조와 관련해서도 관심이 확대되고 있다.[13]

제주 도의회에서도 사회적 기업의 육성을 통해 지속가능한 경제성장을 도모하기 위한 조례 제정 등이 논의되고 있다. 제주지역 경제 또한 최근 5년간 저성장에 머물고 있다보니, 이 시기를 계기로 내생적 발전전략이라는 관점에서 지역의 성장 기반을 강화하고 지속가능한 성장을 위하여 기업과 사회가 함께 하는 사회적 기업 육성정책을 핵심과제로 삼아야 한다는 주장이 제기되고 있기도 하다.[14]

제주지역의 사회적 기업과 관련하여 형성되는 지역과 로컬푸드에 대한 관심은 세계화에 대응한 개념으로 종종 상정된다. 세계화 속에서 경쟁력을 가질 수 있는 것을 찾는 것과 세계화가 침범하지 않는 일들을 찾아 지속가능한 성장을 이루기 위해 '지역'이 화

---

[13] 한국의 대표적인 사회적 기업 이장은 '마을 만들기 사업'과 관련된 사회적 기업으로, 지역사회 재구조에서 먹을거리가 어떻게 마을 만들기와 관련되는지를 보여주는 사례이다.
[14] 제주의 소리(2009년 5월 20일자, 6월 21일자, 7월 2일자, 7월 3일자) 기사를 참조하였다.

두가 되는 것이다. 그러나 지역사회라고 하는 것이 산업화 도시화를 겪으면서 붕괴되어 버린 작금에, 지역에서 형성되는 사회적 기업들은 지역사회의 재구조 및 그에 따른 지역 물적 자원의 리사이클 형성을 가장 중요한 목표로 삼는다. 그런 점에서 자본의 도외 유출이 심각한 제주에서 사회적 기업과 공동체 재구조는 중요한 문제로 부상하고 있다.

제주지역 로컬푸드 운동의 특성 및 사회적 의미

다층적 '로컬푸드' 개념의 합의 문제

지역적 차원에서 모색되는 로컬푸드 운동은 아이러니하게도, '로컬'이란 개념을 둘러싸고 많은 혼란과 논쟁을 야기하고 있다. 로컬푸드 운동을 주도하는 운동가들이나 로컬푸드를 알고 있는 일반 사람들의 인식에서 대부분 로컬푸드의 개념은 '지역산 먹거리', 혹은 '제철 먹거리', 혹은 '친환경 유기농 먹을거리' 등으로 인식되고 있다. 이런 로컬 푸드에 대한 인식의 태도는 소비형태를 결정하는데 매우 큰 영향을 미친다.

지역산 먹을거리로만 로컬푸드를 인식하는 경우 '제주산' 이용을 독려하게 되는데, 실제로 제주산만을 로컬푸드로 인식한 경우 매우 제한된 음식재료만을 선택하게 된다. 왜냐하면 대규모 소품종 농업으로 전환된 제주농업의 기반에서 바로 지금 제주산이라는 지역 먹을거리만 고집할 수 없는 상황인 것이다. 실제로 소비에서 불가능한 형태를 띠기 때문에, 대부분의 생협매장이나 지역먹을거리를 파는 곳에서는 거의 국내의 친환경 농산물을 생산하는 농민들의 생산물을 판매하고 일부를 제주산으로 채워 판매하고 있다.

그런 점에서 제철 먹을거리나 친환경 먹을거리로 인식하는 경우 지역 먹을거리라는 측면보다 훨씬 유연하게 소비자들을 파고들고 있다. '웰빙'이라는 사회적 분위기와 대형 먹을거리 사고(일명 식품 안전 사고)는 안전한 먹을거리를 찾아 헤매는 대중 소비자들을 낳았다. 사실 제철 먹을거리는 현 생산과 유통체제에서 애매모호한 단어이다. 사시사

그리스의 로컬푸드

그리스의 로컬시장(데살로니키)

철 원하는 먹을거리가 언제든지 존재하고 있기 때문이다. 오히려 대부분의 사람들은 로컬푸드를 친환경 먹을거리로 인식하는 경향을 보여주고 있다. 이것은 운동가들 입장에서도 마찬가지이다. 그러나 이런 분위기는 대형 식품기업들이 친환경 식품 사업에 뛰어들게 하므로서 소비자들에게 로컬푸드의 경계를 모호하게 만들고 있다.

아직 완전히 합의된 로컬푸드와 로컬푸드 운동의 개념은 없기에 나름대로 처한 입장에 따라 다르게 해석을 시도하고 있는 실정이다. 실제 로컬이란 개념에서 훨씬 더 다층적인 의미가 생성되는 것을 발견할 수 있다. 먹을거리만 놓고 보아도 식재료마다 다양한 지역적 거리가 있다. 예를 들어 쌀이 나지 않는 제주의 경우 쌀의 지역적 거리는 국내로 확대된다. 만일 동일한 공간적 거리로 지역산 먹을거리를 주장한다면, 로컬푸드 운동은 현실에서 매우 불가능한 운동이 되는 것이다. 사실 로컬의 지역적·공간적 거리 또한 매우 다양한 층위를 구성한다는 것이다.

공간적·시간적 층위 외에도 지역 먹을거리의 소비를 이끌어내는 문화적, 심리적 로컬의 층위가 있다. 대부분의 사람들이 갖는 로컬의 개념은 국내와 지역이 혼재되어 있다. 이것은 때때로 자신이 공유하고 있는 공동체의 문화와 관련 있는데, 이 경우도 식재료처럼 다양한 로컬의 층위를 보여준다.

최근 제주지역의 식당에 가면 돼지고기의 경우 제주산으로 표기되는 경우가 많은 반면 나머지 식재료에 대해서는 국내산으로 표기되는 경우들을 종종 볼 수 있다. 한 식당에서 판매하는 식재료에 제주산과 국내산을 구분하여 표기하는 것이다. 이 경우 돼지고기를 소비하는 사람들은 대부분 국내산보다 제주산이라는 표기에 더 많은 신뢰를 보낸다는 것이다. 그렇다면 이러한 차이는 어떻게 해서 생겨나는 것일까? 그것은 제주사람들이 흑돼지에 대하여 갖는 문화적 향수와 관습이 자리하고 있기 때문이다. 돼지고기를 놓고 국내산과 구별하여 제주산이라는 로컬의 개념을 더욱 구체화시켜 분리하는

것이다.[15]

소비자들이나 로컬푸드 운동가들에게 '지역'이란 개념은 훨씬 3차원적이며 다층적이고 포괄적인 개념으로 나타나고 있으며, 혼재되어 있다. 따라서 로컬의 개념을 어떻게 합의할 것인가 혹은 어떻게 개념 지을 것인가 하는 것이 로컬푸드 운동을 이끌고 있는 사람들의 고민이며, 이것을 해결하고 풀려는 연구모임들이 가동되고 있다.[16] 로컬푸드에 대한 3차원적 개념을 산출해 내는 것이 현재 로컬푸드 운동이 당면한 가장 기본적인 과제인 것이다.

유통단계의 축소와 소비자 공동체

현재 로컬푸드 운동을 주도하고 있는 운동가들은 로컬푸드를 지역산 먹을거리와 친

---

[15] 심리적 로컬의 경우, 더욱 재미있는 사실은 제주시-서귀포시 간의 거리가 불과 수십 Km에 지나지 않지만, 사람들은 웬만한 일이 아닌 이상 제주시사람들이 서귀포시로 가거나 서귀포시 사람들이 제주시로 건너오지 않는 데서 목격되기도 한다. 이처럼 로컬에 대한 사회심리적 측면은 다양한 층위를 형성하고 있다. 이외에도 로컬푸드에서 지역의 의미 및 개념 상정에 다층적인 시각이 필요하다는 예는 여러 곳에서 발견될 수 있다. 2008년 7월 제주도는 전국 규모의 소비자 연합조직과 제주도의 친환경 농산물 생산자 단체간의 만남을 주선하고 제주산 친환경농산물 사용 확대 공동 협약을 체결한 바 있다. 이 협약식에는 한살림 서울 생협, 아이쿱 생협연대, 한국여성 민우회 생협, 두레생협연합회 등 소비자 단체와 도내 친환경농산물 생산자 단체인 샘드르 영농조합법인, 참맑은 영농조합법인, 제주유기농 영농조합법인 등이 참여하였다. 이런 맥락은 지역이라고 하는 개념이 한국사회에서는 상당히 국가적 차원에서 전개되는 것임을 알 수 있게 한다(제주의 소리, 2008. 7. 24 참조). 여기서 지역사회는 공간적 시간적으로 한정된 거리를 의미하는 것은 아니다. 그런 점에서 '로컬'과 관련된 개념은 새롭게 공간으로써의 로컬, 시간으로써의 로칼, 문화적 로컬로써 조망되어야 하며 여러 층위의 '로컬적 개념'을 가질 수밖에 없다. 그럼에도 이러한 다층위의 로컬이 지향하는 것은 공동체 복원 및 지역사회의 재구조화이다.

[16] 대표적인 연구모임이 대안연구공동체 로컬푸드 연구모임과 생태도시연구소 등이다.

환경 농산물로 산정하는 경향 속에서 로컬푸드 운동을 통해 대기업 유통의 단계를 지역순환체계 내로 전환하려는 경향을 보여준다. 로컬푸드의 생산 라인은 기존의 생산 및 소비 사이클과 달라진다. 우선 생산-유통-가공-소비의 지역내부 연결을 통해 지역순환 경제가 활성화되고, 일자리가 창출되며, 이로 인해 농민들에게는 안정된 소득을, 소비자에게는 안전한 식품을 보장할 수 있다고 전망한다. 생산-선별-포장-장거리유통-마케팅-소비 등의 다단계를 거쳐야 하는 광역 식량체계와 비교해 로컬푸드는 유통의 거리를 지역적 개념으로 축소함으로써 생산-유통-소비 3단계만을 지역사회 안에서 순환시켜 지역사회를 재구조화 하자는 것이다. 여기에는 외부자본의 유입이 아닌 내부 자산에 의한 발전이 전제되는 것이다. 이는 지역의 기본적인 인구기반을 유지하기 위한 내부 건강성을 고려해 지역기반의 수요를 창출하고 지역경제에 대한 새로운 시각을 의미한다.

이는 로컬푸드 운동의 현재 지향점이다. 이런 차원에서 로컬푸드 운동을 살펴보았을 때 목표와 활동 그리고 그에 따른 자원동원방식이 기존 사회운동방식과 다소차이가 있음을 볼 수 있다. 현재 제주지역에서 일어나고 있는 로컬푸드 운동 관련 단체들의 대부분 목표는 먹을거리를 통해 지역경제 활성화와 지역사회를 재구조화하겠다는 목표를 내포하고 있다. 주목할 만한 것은 그들의 목표가 이전의 다른 사회운동과 달리 포괄적이며, 생활전반을 개선해, 지역사회재구조로 나가는 성격을 보여주고 있다는 것이다.

활동적인 측면에서도 유기농 매장의 상품을 단순히 판매하는 차원을 넘어서 소비자와 생산자의 대면관계를 넓히는 행사와 도시민과 농어촌민의 교류, 지역 소비주체들의 모임 등을 통해 이러한 목표들을 실행해 나간다는 것이다. 자원동원방식에서도 이전의 사회운동과 달리, 조합원이란 체계적이고 조직적인 생산자 및 소비자 공동체 조직의 인적 동원방식과 그들로부터 발생되는 생산물과 자본 등 물적 자원을 통해 이 로컬푸드 운동을 이끌어 나간다는 것이다. 생협 등에서 나타나는 소비자 공동체는 기존의 대량생산체계 하에서 이미지를 통해 구축되었던 불특정 소비대중과 달리 실체적이고 조직적인 소비자를 조합원 소비체제로 구축함으로써 기존의 왜곡된 기업생산체제에 대응한다. 이러한 움직임은 나아가 자본주의 사회로 진입하면서 망가져버린 지역사회의 재건 및 재구조의 문제로까지 확장된다.

앞서보았던 생협 및 급식연대, 사회적 기업 모두 도시 생산 및 소비자 네트워크를 형성하고 있다. 이들의 생산은 착하며, 소비 또한 윤리성을 강조한다. 무엇보다 중요한 것은 이전 운동과 달리 조합원 체제로 묶인 소비자 공동체는 지속적이고, 조직적이며, 체계적인 형태를 가지고 있다는 것이다. 이러한 지속적인 소비자 공동체는 생산자 공동체를 지키며 생산자 공동체와 함께 농업 위기 및 먹을거리 위기를 분담하는 트러스트(trust) 역할을 한다. 물론 이러한 트러스트(trust)의 형태는 서구를 비롯해 한국의 다른 지역에서도 나타나고 있지만, 제주지역의 생협운동은 지역운동가들이 대거 포진해 있다는 특징을 드러낸다.[17]

이들 운동가들은 이전까지 농촌 내부로 들어가서 문제를 해결하던 방식에서 역방향을 선택하여 농촌을 담보로 성장하였던 도시가 이제 농촌을 위한 담보물이 되어 농촌을 회생시키는 방향으로 지역의 문제를 해결하려 한다. 이것을 통해 농촌 공동체와 도시 공동체가 함께 사는 방식을 모색하는 것이다.

---

[17] 각 나라에는 소비자를 조합원으로 조직하여 지역사회의 농업을 지원하는 지역사회지원농업(CSA: Community Supported Agriculture)시스템을 마련하고 있다. 이는 개별 소비자가 품목별로 가격에 의해 농산물을 구매하는 것이 아니라, 일단의 소비자 그룹이 일정 기간에 일정 비용을 지불하고 정해진 생산자로부터 농산물을 패키지로 구입하는 방식으로 매주 수확하는 다양한 품목의 농산물을 담아 소비자들에게 전달한다. 이것은 트러스트의 한 예로 농업을 농촌만의 문제가 아닌, 전체 공동체의 문제로 보는 것이다.

이탈리아의 로컬푸드

이탈리아의 로컬시장(밀라노)

일본의 로컬푸드

일본 농산물직판장의 생산자 공개(히타)

새로운 지역 공동체 문화

앞서보았던 유통단계의 축소와 소비자 공동체의 조직 등은 제주지역 로컬푸드 운동이 보여주는 지역사회 재구조화의 한 특징을 드러낸다. 뿐만 아니라, 문화적 측면에서도 지역사회 재구조화와 관련하여 여러 다양한 실험들을 살펴볼 수 있다. 현재 도시 소비자 공동체는 지역별 모임을 만들고, 대면적 관계에서 그들이 시행할 수 있는 여러 문화적 실험들을 수행하고 있다. 공동의 텃밭 일구기, 전통 및 천연 요리 같이 만들기, 지역 살림 마을 장터 등은 지역사회 재구조화를 위한 문화적 측면으로 살펴볼 수 있다.[18]

이러한 실험들은 생협의 소비자 조합원들을 중심으로 이뤄지고 있다. 생협의 소비자 조직은 단순히 물건만을 사서 소비하는 것이 아니라, 새로운 포괄적 소비문화를 만들어 내는 주체로 활약한다. '한살림 제주'의 경우 연동, 신촌, 서귀포 등지에 살고 있는 조합원들이 마을 모임을 만들어 정기적으로 만나고 있다. 이 마을 모임은 지역경제를 활성화시킬 수 있는 소비를 돕고 지역공동체가 함께 관계를 회복할 수 있는 생활문화들을 창출하고 있다. 마을 모임 안에는 다시 주제별로 소모임의 형태가 계속해서 발생하고 있다.

〈표 3〉은 연동마을의 사례로, 제주시 신제주 연동에 살고 있는 한살림 제주의 조합원들은 2008년 9월에 마을 모임을 만들었다. 이들은

유기농 재배농법에 대해 듣고 있는 사람들

---

18 여러 국가들에서 로컬푸드의 실현을 위한 문화적 수단으로써 공동체 텃밭, 도시 농업, 동네 부엌, 지역레스토랑, 지역화폐 등을 이용하고 있다.

거의 매달 만나서 착한 소비, 지역 먹을거리, 환경, 교육 등에 대해서 이야기를 나누고, 친환경적이거나, 지역적인 음식을 만드는 시간을 갖는다. 이들은 모임을 통해 논의된 것을 생협에 제안하기도 하고, 직접 실행하기도 한다. 이들은 지역 살림 장터(Community Eco-Market)를 운영하기도 한다. 이런 마을 모임은 살림 정보를 나누고, 새로운 소비문화를 창출하면서 현재의 자본주의적 소비문화와는 뚜렷하게 다른 면모를 보여주고 있다.

〈표3〉 연동마을 마을 모임과 활동[19]

년월일	내 용
2008년 9월	• 이용촉진물품에 대한 논의(두부, 포도) • 한살림 물품과 일반 물품의 차이점 논의 • 막걸리빵 만들기
2008년 11월	• 야채 진빵 만들기
2008년 2월	• 분리 수거된 쓰레기 처리와 교육(퇴비 만들기/화분 키우기) • 생산지 방문과 일손돕기 • 오이피클 만들기
2008년 3월	• 환경교육관방문-회천 쓰레기 매립장
2008년 4월	• 퇴비 만들기 • 상추 재배

특히 최근에는 제주지역통화시스템 '레츠(Let's)수눌음'공제조합이 기획되고 있기도 하다. 레츠수눌음은 각종 노동력을 '품'이라는 지역통화로 교환하여 축적시켜놓은 뒤 '교환시장(실제 물품과 서비스가 거래되는 시장)과 호혜시장(기증과 기부, 자원활동이 이뤄지는 시장)'을 통

---

[19] '한살림 제주' 홈페이지(http://jeju.hansalim.or.kr/)에 나와 있는 연동 마을 모임의 활동을 월별로 필자가 구성한 표이다.

해 각종 물품 및 서비스의 거래가 이뤄지는 시스템을 말한다.[20] 이러한 시스템은 현재의 자본주의 경제 시스템 및 소비자본주의와는 다른 것으로 '화폐'가 사라지고, 자본에 의해 규정받던 많은 경제사회문화적 요소들이 새롭게 인간의 가치에 의해 규정되는 과정이라고 해석해 볼 수 있다. 화폐가 없으면 아무 것도 할 수 없고, 사회적 안전망은 무너지면서도 화폐가 없으면 살 수 없을 것 같은 상상에서 이제는 지역통화 실험을 통해 자본주의로 인해 발생된 문제를 해결하려 하고 있다.

지역화폐는 지역공동체를 통해 다양한 서비스를 나누고 제공함으로써 사회적 서비스를 나눌 수 있다. 지역통화는 실업, 빈곤으로 인한 부작용을 최소화하고, 지역공동체를 복원하며 지역공동체의 자생력을 회복시켜 사회적 안전망을 형성하는 효과를 갖는다. 지역화폐 운동은 돈 중심의 교환이 아니라, 사람과 사람 사이 정감 있는 거래를 통해 지식과 정보의 나눔 문화로 가는 문명전환을 위한 태동이라 할 수 있다.

[20] 지역화폐 실험은 1989년 캐나다 벤쿠버의 코목스 밸리에서 시작되었다. 코목스 밸리에서는 공군기지 이전과 목재산업 침체로 인해 실업률이 18%로 올랐다. 마이클 린튼은 지역주민들에게 새로운 일자리를 만들어주기 위해 궁리하다가 '녹색달러'라는 이름으로 지역통화를 시작하였다. 간단한 컴퓨터 프로그램을 이용하여 지역주민들 사이에 물건과 기술, 서비스를 서로 교환하였던 것이다. 공개된 거래 내역에 의하면 4년 동안 지역에서 거래된 녹색화폐 총액 수는 35만 달러에 이른다. 그 결과 일자리를 만들기 위해 특별한 투자나 특정자원을 개발하지 않고도 지역 내 상호교환을 통해 수입을 얻고 새로운 일자리 창출에 성공하였다. 1990년대로 들어오면서 지역화폐운동은 영국에서 약 5백여 건, 호주와 뉴질랜드에서 약 300여 건이 진행되었다. 스위스, 일본, 프랑스, 이탈리아, 독일, 네덜란드 등과 남미, 아시아에도 빠르게 퍼지는 추세다. 한국의 경우 1998년에 '미래를 내다보는 사람들의모임'이 미래화폐라는 이름으로 첫 지역화폐를 운영하였다. 이후 환경단체, 지역주민단체, 대안교육단체, 유기농산물업체 등의 민간 영역뿐만 아니라, 구청, 동사무소 등의 공공영역에서도 시도하고 있다. 최근 가장 활발하게 운영되고 있는 곳은 대전의 '한밭 레츠'로 2000년 2월부터 운영되기 시작해 540여명의 개인회원들과 약 60여 곳의 가맹업소들이 참여하고 있다. 한밭레츠의 화폐의 단위는 '두루'로써, 거래 품목은 요리 제공, 옷 만들기, 아기 돌보기 등 '살림품앗이'와, 병원, 한의원, 약국, 건강강좌 등 '건강품앗이', 환경농산물 및 일반농산물 등의 '지역생산물품앗이' 등 다양하다. '배움 품앗이', '강좌, 강습품앗이', '취미, 문화품앗이', '기술품앗이', '서비스, 상담품앗이', '노동력품앗이' 도 있다(http://blogs.ildaro.com 참조).

영국의 로컬푸드

영국의 로컬시장(셰필드)

나오며

　이 글은 제주지역 사회의 로컬푸드 운동의 현황을 아주 거칠게 살펴본 것이다. 그럼에도 현재 일어나고 있는 로컬푸드 운동에 대한 관심과 환원은 현 시점에서 매우 중요한 연구주제라고 여겨진다. 전통음식에 대한 관심 환원을 포함하여 '로컬푸드'로 재생하는 것은 단순히 지역농산물만으로 먹을거리 문제를 환원하자는 것이 아니라 넓게는 근대사회가 안고 있는 여러 모순에 대한 이론적 대안을 찾고자 함이며, 가깝게는 세계화에 의해 야기되는 여러 문제들에 직면한 국가 및 지역사회 활성화를 통해 대응해 나가려는 새로운 사회 변혁 활동이 '식탁혁명'을 통해 나타나는 것이다. 따라서 '로컬푸드' 운동은 단순히 먹는 것을 바꾸는 것이 아닌 탈근대를 지향하는 하나의 사회모델이자, 지역사회 재건을 통해 다음 세대를 준비하는 과정이라고 해석해볼 수 있다.

　전혀 가능하지 않을 것 같던 실험적인 행동들이 현재 확산과정에 있으며, 주의를 환기할 것을 요구하고 있지만, 로컬푸드와 로컬푸드 운동에 대한 지역의 인문사회과학적 관심은 미미하다. 종종 로컬푸드 운동이 매우 구조화되어버린 농업경제구조 속에서 가능성이 있는가란 질문들이 있다. 이에 대해 김종덕(2008)은 우리나라의 경우 로컬푸드의 생산과 공급에 유리한 조건을 가지고 있다고 전망한다. 왜냐하면 농민들은 영농규모가 적어 단일작물이 아닌 다양한 작물을 재배할 수 있기 때문에 지역주민들의 수요를 맞출 수 있고, 농민들이 새로운 투자비용, 기술습득이 필요하지 않다고 보기 때문이다. 또한 농산물 산지와 가까운 거리에 많은 소비자들이 있고, 농산물, 식재에 대한 소비자들의 수요가 비슷하기 때문이라고 한다.

더불어 위기에 놓인 시민사회운동이 새로운 지향점으로 '지역'을 염두에 두고 있다는 것도 로컬푸드 운동의 확장에 힘을 실을 수 있다. 1980년대 말부터 일어난 생명운동과 함께 전일적인 생명활동운동의 기초단위로 지역에 대한 관심이 환원되어 왔다. 지역에 대한 관심을 둔 시민사회운동은 이제껏 그래왔던 것처럼 시장을 제어하고 통제하기 위해 공공영역을 강화하는데 주안점을 두는 데서 나아가 호혜적 관계망 회복을 통해 지역사회를 복원하려고 한다. 그리고 이러한 호혜의 지역경제를 일으킬 동력으로 로컬푸드 운동에 관심이 모아지는 것이다. 따라서 로컬푸드 및 로컬푸드 운동에 대한 인문사회과학적 관심이 지역 연구에 있어서 더욱 확대되어질 것을 요구받고 있다.

□ 단행본 및 논문

김광억, 1994, 「음식의 생산과 문화의 소비: 총론」, 한국문화인류학회, 『한국문화인류학』26집, p. 7~50.
김종덕, 1997, 『원조의 정치경제학』, 경남대학교 출판부.
─── , 2003, 「WTO의 농업구조화: 문제점과 대안」, 한국농촌사회학회, 『농촌사회』13권 1집, p. 239~261.
─── , 2006, 『농업사회학』, 경남대학교 출판부.
─── , 2007, 「지역식량체계 농업회생방안과 과제」, 한국농촌사회학회, 『농촌사회』17권 1호, p. 5~32.
─── , 2008, 「우리나라 로컬푸드 정책의 방향」, 지역사회학회, 『지역사회학』제9권 제2호, p. 85~113.
김흥주, 2004, 「슬로푸드운동과 대안식품체제의 모색」, 한국농촌사회학회, 『농촌사회』14집 1호.
─── , 2006, 「생협 생산자의 존재형태와 대안농산물체계의 모색-두레 생협생산자회를 중심으로」, 한국농촌사회학회, 『농촌사회』제16집, p. 95~141.
─── , 2008, 「생협운동과 지역먹거리체계: 풀무생협 사례연구」, 2008년도 한국환경사회학회 추계학술대회, 『먹을거리의 환경사회학』.
박진도, 2008, 「성장동맹에 맞선 저항, 농촌에서 시작하자」, 프레시안 기사.
윤병선, 2007, 「일본 지산지소운동의 현황과 과제」, 한국농촌사회학회 정기하계학술대회.
─── , 2008, 「로컬푸드 관점에서 본 농산가공산업의 활성화 방안」, 한국산업경제학회, 『산업과 경제연구』.
윤형근, 2009, 「로컬푸드 운동과 시민사회운동의 재구성」, 제주생태도시연구소, 『제주지역 로컬푸드 아카데미(2009년 5월~6월)』.
허남혁, 1999, 『유전자 변형 생물체(LMO)및 식품의 안전성에 관한 담론 분석: 국내 논의를 중심으로』, 서울대학교 환경대학원 석사논문.
Barry, J., Environment and Social Theory.(추선영·허남혁(2004), 『녹색사상사: 루소에서 기든스』, 이매진.)
Halweil, B., Eat Here, 2004.(김종덕 외(2006), 『로컬푸드: 먹거리-농업-환경, 공존의 미학』, 시울.)
Harris, M., 1987, Food and Evolution, Temple University Press.
─── , 1985, The Sacred Cow ane the Abominable Pig: Riddles of Food and Culture,(서진영 옮김(1992), 『음식문화의 수수께끼』, 한길사.)
Ife, J., 2002, Community Developmemt,(류혜정(2005), 『지역사회개발』, 인간과 복지.)

Lappe, F. M., World Hunger: twelve myths.(허남혁(2003), 『굶주리는 세계: 식량에 관한 열두 가지 신화』, 창비.)

Levi-Strauss, L'Origine des manieres de table, Paris, 1968.(Eng. trans. The Origin of Table Manners, London, 1978.)

Lipietz, A., 허남혁(역), 2002, 『녹색희망』, 이후.

Shiva, V., 허남혁, 2000, 『자연과 지식의 약탈자들』, 당대.

Singer, P& Mason, J., The Ethics of What We eat(함규진(2008), 『죽음의 밥상』, 산책자.)

Singer, P., 1975, Animal Liberation, (김성한(1999), 『동물해방』, 인간사랑.)

□ 신문기사

오마이뉴스(2006년 7월 11일자)
「들어는 봤나, 별 4개짜리 학교급식-급식파문, 제주에 물어보라」

제주의 소리(2009년 5월 20일자)
「제주 사회적 기업 어떻게?...스타 기업을 만들자」

제주의 소리(2009년 6월 21일자)
「우후죽순 마을 만들기 사업...진짜 좋은 마을은'?

제주의 소리(2009년 7월 2일자)
「제주지역에서 사회적 기업성장 가능성은 있나?」

제주의 소리(2009년 7월 3일자)
「제자리 제주경제 돌파구는 사회적 기업 육성」

제주의 소리(2008년 7월 24일자)

□ 기타 자료

〈한살림 제주〉 정관
〈제주생활협동조합〉 정관
〈아이건강연대 제주연대〉 창립식(2009년 2월 26일) 자료 및 정관
〈제주지역통화시스템, 「레츠(let's)수눌음'」 운영계획서(안)

찾아보기

제목 떡순게 풍경

찾아보기

가

가공 / 20, 21, 22, 42, 51, 52, 67, 119

가공 공장 / 22

가공지 / 21

가뭄 / 17, 19, 21, 92

가옥 / 66, 92, 97, 98, 99, 100, 101, 107, 110, 119

가을 가뭄 / 17, 19, 21

감귤 풍경 / 17, 27, 28, 29

개방 / 22, 27, 28

건조 / 20, 21, 119

건조지 / 21

겨울작물 / 102, 103, 105, 106, 109

결합 / 13, 17, 24, 40, 41, 42, 51, 52, 53, 55, 56, 57, 58, 61, 62, 68, 69, 70, 71, 72, 76, 83, 86, 87, 92, 101, 126, 128, 145, 147

결합방식 / 37

경사도 / 19

계란류 / 41, 61

고구마 / 19, 20, 21, 23, 24, 25, 26, 27, 28, 44, 45, 87, 103, 104, 111, 119

고구마 재배 / 20, 87

고구마 풍경 / 17, 19, 20, 22, 23, 24, 27, 28, 29

고팡 / 66, 67, 98, 100, 101

곡류 / 38, 41, 45, 55, 56, 58, 61, 67, 75, 85, 86, 101, 116

찾아보기

가

가공 / 20, 21, 22, 42, 51, 52, 67, 119

가공 공장 / 22

가공지 / 21

가뭄 / 17, 19, 21, 92

가옥 / 66, 92, 97, 98, 99, 100, 101, 107, 110, 119

가을 가뭄 / 17, 19, 21

감귤 풍경 / 17, 27, 28, 29

개방 / 22, 27, 28

건조 / 20, 21, 119

건조지 / 21

겨울작물 / 102, 103, 105, 106, 109

결합 / 13, 17, 24, 40, 41, 42, 51, 52, 53, 55, 56, 57, 58, 61, 62, 68, 69, 70, 71, 72, 76, 83, 86, 87, 92, 101, 126, 128, 145, 147

결합방식 / 37

경사도 / 19

계란류 / 41, 61

고구마 / 19, 20, 21, 23, 24, 25, 26, 27, 28, 44, 45, 87, 103, 104, 111, 119

고구마 재배 / 20, 87

고구마 풍경 / 17, 19, 20, 22, 23, 24, 27, 28, 29

고팡 / 66, 67, 98, 100, 101

곡류 / 38, 41, 45, 55, 56, 58, 61, 67, 75, 85, 86, 101, 116

찾아보기

제주 먹을거리 풍경

찾아보기

가

가공 / 20, 21, 22, 42, 51, 52, 67, 119

가공 공장 / 22

가공지 / 21

가뭄 / 17, 19, 21, 92

가옥 / 66, 92, 97, 98, 99, 100, 101, 107, 110, 119

가을 가뭄 / 17, 19, 21

감귤 풍경 / 17, 27, 28, 29

개방 / 22, 27, 28

건조 / 20, 21, 119

건조지 / 21

겨울작물 / 102, 103, 105, 106, 109

결합 / 13, 17, 24, 40, 41, 42, 51, 52, 53, 55, 56, 57, 58, 61, 62, 68, 69, 70, 71, 72, 76, 83, 86, 87, 92, 101, 126, 128, 145, 147

결합방식 / 37

경사도 / 19

계란류 / 41, 61

고구마 / 19, 20, 21, 23, 24, 25, 26, 27, 28, 44, 45, 87, 103, 104, 111, 119

고구마 재배 / 20, 87

고구마 풍경 / 17, 19, 20, 22, 23, 24, 27, 28, 29

고팡 / 66, 67, 98, 100, 101

곡류 / 38, 41, 45, 55, 56, 58, 61, 67, 75, 85, 86, 101, 116

공간 균형 / 21

공간적 거리 / 145, 163

공동관리 / 66

공동체 / 29, 30, 35, 36, 37, 39, 40, 41, 62, 66, 67, 68, 69, 70, 75, 76, 83, 85, 90, 94, 96, 99, 102, 116, 118, 123, 124, 125, 126, 127, 128, 131, 142, 160, 163, 165, 166, 169

공동체 지원농업 / 90, 126, 128

공유지 / 70

공판 / 28

공학적 배치 / 14

공학적 산물 / 31

공학적 설계 / 13, 15

공학적 인식 / 20

과수작물 / 24, 110, 112

과실류 / 41, 61

구황작물 / 28, 53

국민적 풍경 / 20, 28, 29

근대농업 / 27, 29

근대문명 / 35

급식 조례 / 154

기후변화 / 19, 20

기후조건 / 17

기후환경 / 15

찾아보기

나

녹색운동 / 29

농경지 / 19, 85

농기구 개량 / 25

농민장터 / 148

농법 / 29, 83, 85, 133

농식품 / 37, 89, 90, 143

농업 경영 / 20, 126

농업구조 / 43, 44

농업진흥법 / 29

농업진흥원 / 29

농업협동조합 / 29, 30

농업회생 / 39

농작물 / 20, 23, 24, 25, 27, 28, 29, 83, 92, 125, 131

누이작물 / 28

늙은 것 / 72

다

다층성 / 36

다층적 / 15, 36, 66, 83, 85, 86, 118, 123, 161, 164

다풍 / 20

대안농산물체계 / 39

대항 / 36, 145

대형마트 / 49, 71, 75

도시농업 / 88, 128, 129, 131, 132

돗추렴 / 124

두류 / 55, 56, 58, 67

라

로컬푸드 / 36, 38, 141, 142, 143, 145, 146, 147, 148, 150, 153, 157, 159, 161, 163, 164, 165, 169, 173, 174

로컬푸드 운동 / 36, 141, 142, 143, 145, 146, 148, 150, 157, 161, 163, 164, 165, 169, 173, 174

마

물방애접 / 62, 64

말린 고구마 / 21

맛 / 52, 116, 117

맥도널드 / 101, 149

먹는 행위 / 14, 15, 19, 83, 147

먹을거리 문제 / 35, 37, 39, 75, 91, 124, 173

찾아보기

먹을거리 생산 / 15, 17, 39, 40, 61

먹을거리 순환체계 / 24, 31, 37, 38, 39, 43, 47, 50, 51, 52, 61, 66, 68, 69, 70, 71, 72, 75

먹을거리 시스템 / 22, 101

먹을거리 안전성 / 35, 89, 125

먹을거리 위기 / 87, 88, 89, 90, 96, 127, 132, 166

먹을거리 주권 / 35, 36, 38, 50, 141

먹을거리 풍경 / 14, 15, 16, 17, 18, 19, 25, 27, 28, 29, 30, 31, 141

메밀 / 19, 24, 85

모계 / 62, 69, 86, 123, 125

바

방풍대책 / 20

밭작물 / 24, 45, 46, 92, 111, 112, 119, 125

밭작물 재배 / 19

배급제 / 25

배수 / 19

배추파동 / 111

범벅 / 51, 52, 58, 61, 69, 115

보리농사 / 23, 92

부계 / 62, 69, 86, 123, 125

부녀회 / 48, 66, 116

분류형식 / 40
분배 / 66, 68, 89
비료.퇴비 기술 / 25
빈곤 / 22, 171

사

ㅅ든 것 / 72
사회변동 / 29, 75, 87, 96
사회안전망 / 69, 87, 123, 125, 126, 131, 134
사회적 기업 / 146, 157, 158, 159, 160, 166
사회적 함의 / 50
산업화 / 36, 75, 145, 160
상장례접 / 62
생고구마 / 21
생물 종 다양성 / 147
생산지 / 21
생산체계 / 96, 102, 109, 125, 156
생애주기 / 71, 72
생업 / 37, 40, 41, 43, 50, 61, 62, 64, 69, 75
생태 농업 방식 / 87
생태공동체 / 126

찾아보기

생활개선계 / 47, 48

생활문화 / 153, 169

생활방식 / 30

생활협동조합 / 142, 151, 152

서구 음식 / 48, 49, 50

섭취행위 / 37

소비문화 / 169, 170

소비자 공동체 / 164, 165, 166, 169

소비체계 / 96, 119

소비행위 / 110

수매 / 29

수산업 / 41

수입개방 / 28

순환고리 / 41, 53

순환체계 / 24, 31, 37, 38, 39, 40, 41, 42, 43, 47, 50, 51, 52, 53, 58, 61, 66, 68, 69, 70, 71, 72, 75, 76, 83, 85, 86, 87, 88, 91, 92, 94, 96, 97, 100, 101, 102, 103, 104, 105, 109, 110, 111, 118, 119, 123, 127, 128, 132, 133, 141, 165

슈퍼 종자 / 120

습한 기온 / 17, 19

시각적 풍경 / 21, 24

시민권 / 30

식량위기 / 147

식량자급체계 / 38, 39, 40, 42, 83, 85, 87, 88, 101, 116, 118, 123, 126, 131, 133

식량자원 / 83, 85, 86, 87, 92, 101, 110, 116, 123, 124, 132

식생활 개선 운동 / 47

식육 / 48

식재료 / 38, 41, 42, 50, 51, 52, 53, 56, 58, 69, 72, 76, 148, 163

신뢰관계 / 142

아

아열대 북방한계 / 17

어린 것 / 72

어업 / 36, 43, 44, 45, 62, 67, 68, 87

어패류 / 41, 55, 56, 58, 116

여름작물 / 102, 103, 105, 106, 109

역학관계 / 20, 23, 24, 25, 27

영농형태 / 126

영양소 / 48

요리 강습 / 48

요정 / 49

우리 농산물 / 154, 155, 157

우영 / 47, 58, 67, 76, 86, 87, 88, 91, 92, 94, 96, 97, 98, 99, 100, 101, 102, 103, 105, 107, 108, 109, 110, 111, 112, 114, 115, 116, 118, 119, 120, 123, 125, 126, 127, 128, 129, 131, 132, 133

찾아보기

우유류 / 41, 61

원예작물 / 24

원초적 풍경 / 28

유기농 매장 / 165

유채 / 17, 24, 25, 27, 28, 29, 87, 116, 125

유채 풍경 / 29

유통망 / 50, 68, 112, 143, 156

유통업체 / 37

육고기 / 48, 68, 117

육류 / 41, 55, 56, 58, 61

윤리 / 35, 36, 85, 147, 158, 166

윤작체계 / 23

음식문화 / 14, 41, 42, 71, 73, 75, 76, 90, 96, 110, 111, 116, 117, 146, 147

음식품목 / 86

의례 / 30, 39, 61, 62, 64, 68, 69, 124

인류 문명 / 35

인문사회과학 / 31, 38, 39, 40, 89, 90, 143, 147, 173, 174

일제시기 / 20

임노동 / 30

자

자급률 / 37, 38

자급체계 / 36, 37, 38, 39, 40, 41, 42, 43, 87, 119

자발적 결사체 / 61, 62, 63, 64, 66, 67, 68, 69, 123, 124

자본 / 29, 30, 152, 160, 165, 171

자연환경 / 17, 18, 19, 25, 27, 31, 147

자원동원 / 142, 143, 146, 150

작물 선택 / 17

재래시장 / 49, 119

재배기술 / 25

재순환 / 22

재일제주인 / 28

재활용 / 118

저항 / 90, 145

전분 / 22

전분공장 / 21, 22, 87

전분원료 / 28

전분주쉬 / 22

전통 / 37, 40, 50, 66, 70, 71, 75, 76, 88, 90, 92, 94, 96, 123, 125, 126, 127, 128, 129, 132, 169

절간고구마 / 28

정지 / 66, 67, 98, 100

찾아보기

제조업 / 22

제주사람들 / 17, 18, 19, 22, 27, 28, 29, 31, 44, 47, 51, 52, 70, 72, 73, 86

제주산 / 161, 163

제주음식 / 42, 52

제주지역 / 17, 29, 31, 38, 39, 40, 41, 42, 43, 45, 48, 50, 51, 52, 56, 61, 62, 63, 66, 68, 69, 70, 72, 75, 85, 86, 87, 88, 91, 92, 99, 100, 101, 114, 118, 123, 125, 126, 128, 129, 143, 146, 150, 151, 152, 153, 154, 155, 156, 159, 163, 165, 166, 169, 173

조 / 19, 24, 25, 43, 44, 85, 86

조리법 / 41, 48, 49, 52, 116, 117

조미료 / 49

조선총독부 / 43

종실류 / 41, 61

종자 / 85, 118, 119, 120

주거형태 / 94

주정공장 / 87

주정원료 / 20, 28

주종관계 / 69, 70, 76

지역먹을거리 / 36, 145, 161

지역사회공동체 / 126

지역사회운동 / 141, 142

지역사회의 재구조화 / 142, 143

지역산 / 142, 145, 161, 163, 164

지역화폐 / 171

지하수위 / 19

직거래 / 101, 126, 152, 153

차

착한 소비 / 158, 170

채소 섭취 / 111, 112, 114

채소류 / 41, 51, 55, 56, 58, 75, 86, 116

채소작물 / 43, 44, 47, 87, 91, 92, 96, 97, 100, 101, 102, 111, 112, 114, 115, 116, 118, 119, 123, 124

챗방 / 66, 67, 98, 100

처계 / 62, 69, 86, 123, 125

초국적 기업 / 35, 89, 120, 152

축산업 / 41, 44, 45

취약계층 / 158

친환경적 / 145, 170

카

콩 / 19, 23, 24, 25, 43, 85, 105

찾아보기

타

토심 / 19, 20, 85

토양 / 15, 119

토질 / 19, 24

통시 / 67, 98, 100, 118, 119

퇴비 / 25, 126

특용작물 / 25, 43

파

파종 / 102, 103, 104, 105, 106, 107, 109, 118, 119

표선리 / 94

품종 / 25

풍경 공학 / 14

풍경 설계자 / 17

플랜테이션 농업 / 37

하

하늬바람 / 21

학교급식 / 148, 154

한국 전쟁 / 25, 27

한라산 / 19, 20

해안마을 / 19, 20, 21, 22

해조류 / 41, 55, 56, 58

향토음식 / 42, 145, 148

혼례접 / 62

화산회토 / 17, 85

화학비료 / 25, 118

환경운동 / 90, 148

환금작물 / 17, 28, 30, 40, 43, 44, 45, 46, 50, 63, 66, 68, 70, 75, 87, 92, 94, 111, 112, 119, 125, 133, 143, 157

후각적 풍경 / 22

흉년 / 22

흰 물고구마 / 20